KB269885

기후위기, 정말 인류가 만든 비극일까?

기후위기, 정말 인류가 만든 비극일까?

중고생 논·서술형 주제토론 수업 ④

기후변화

마아랑 지음

글담출판

불편한 진실이 걷잡을 수 없는 재앙이 되기 전에, 지구를 위해 우리가 나눠야 할 이야기

'기후 위기, 사라지는 북극곰'

'경제 위기로 내년도 물가상승률 4%'

여러분이 오늘 저녁 이 두 개의 뉴스를 본다면 어떤 소식이 더 위험한 일이라고 생각할까요? 아마 높아진 물가로 타격받을 우리의 생계가 더 큰 위험이라고 생각할 거예요. 미국의 한 연구에 따르면 인간은 친숙하지만 구체적이지 않은 대상보다는 당장 내 일상에 적용될 만한 일에 더 크고 민감하게 반응한다고 해요. 따라서 기후처럼 확실하지 않은 미래의 위험에 대해서 인간이 인지하는 능력이 떨어지는 건 자연스러운 본능이라고 합니다.

이 연구는 과학적 사실일 수도 있고, 또는 인간의 심리가 만들어 낸 일시적인 연극일 수도 있습니다. 기후 위기 해결을 위해 인간이 해야 할 모든 행동이 외면하고 싶은 '불편한 진실'이기 때문입니다. 플라스틱 일회용품 사용 줄이기, 대중교통 이용하기, 육식 섭취 줄이기, 튼튼한 물건 오래 사용하기 등을 실천하기 위해 인간의 삶은 점점 불편해지는데, 그 위기의 결과는 수십 년, 혹은 수백 년에 걸쳐서 점진적으로 발생하는 일들이기 때문에 외면하는 것입니다. 그렇다면 어떻게 사람들에게 기후 위기를 경고하고 또 우리가 해야 할 일들에 대해 효과적으로 전달할 수 있을까요? 여러분은 지구의 안녕을 위해 현대문명이 가져다준 풍요로운 삶을 거부할 수 있나요?

"Less is more."

기후환경 분야에서 자주 하는 말입니다. 적게 가질수록, 적게 소비할수록 오히려 더 풍요로울 수 있다는 역설적인 이야기지요. 우리는 지금까지 더 많이 가질수록 풍요로워질 것이라고 믿었고, 자본주의 사회에서 경제는 끊임없이 성장하고, 사람들은 더 많은 것을 소비해야 한다고 배워 왔습니다. 하지만 끝없이 달려온 그 성장의 뒤에는 엄청난 에너지와 자원의 소비, 그리고 이산화탄소의 대량 배출이 있었습니다. 그 결과, 오늘날 심각한 기후 위기가 찾아왔습니다. 이제 앞서 적을수록 풍요로워진다는 말의 뜻을 생각하며 다음과 같은 질문을 생각해 보아야 합니다. '기후 위기는 정말 인류가 만든 비극일까?' '그 책임은 누구에게 있을까?' '성장 대신 멈추고 돌아보는 선택은 가능할까?' 이 책은 이런 질문에서 출발합니다. 현대문명의 역사 속에서 경제성장과 기후변화와의 관계를 살펴보고, 한계에 다다른 기후 위기와 세계적인 불평등 현상을 생각해 보고자 5가지 중요한 주제를 제시합니다.

기후 위기는 점점 우리의 일상에 깊이 들어오고 있고, 이에 따라 우리가 다뤄야 할 문제들도 더욱 복잡해지고 다양해지고 있습니다. 따라서 기후 위기 문제를 지혜롭게 해결하기 위해서는 문제의 원인과 해결 방법을 다양한 측면에서 살펴보고, 나와 다른 의견을 갖는 타자와의 성숙한 대화가 매우 중요합니다. 상대방의 고민과 어려움을 인지하고, 그 고통에 진심으로 공감할 때 비로소 우리는 더 나은 해결방안을 마련할 수 있기 때문이지요. 이를 돕고자 다양한 국내외 사례와 연구 및 통계 자료들을 풍부하게 소개해 놓았습니다.

기후 위기는 단순한 환경문제가 아닙니다. 우리가 어떤 삶을 살지, 어떤 세상을 만들어 갈지 묻는 질문이기도 합니다. 불편한 진실이 걷잡을 수 없는 재앙이 되기 전, 우리 모두가 함께 지구를 지키기 위해 어떤 노력을 해야 할지 생각해 보는 시간이 되길 바랍니다.

마지막으로 이 책을 집필할 수 있게 도와주신 많은 동료 분과 사랑하는 가족, 글담출판사, 그리고 저의 은사님인 이윤지 선생님께 감사의 말씀을 전합니다.

2025년 어느 무더운 여름,

마아랑 올림

차례

1

기후 위기,
정말 인류가
만들어 낸 비극일까?

기후 위기는
인류가 만들어 낸 비극이다

기후 위기는
자연이 만들어 낸 현상이다

영화 <돈 룩 업>에서 천문학자들은 혜성이 곧 지구와 충돌한다는 사실을 발견합니다. 지구 충돌까지 남은 시간은 6개월, 과학자들은 이 사실을 알리려 노력하지만 대중은 전혀 관심이 없습니다. 그런데 만약 이처럼 곧 정말로 지구에 재앙이 닥치고 인류가 멸망한다고 한다면 어떨까요? 여러분은 그 말을 믿을 수 있을까요?

세계기상기구WMO와 유엔환경계획UNEP 산하의 기후 변화에 관한 정부 간 협의체IPCC가 2023년 3월에 '제6차 종합보고서'를 발표했습니다. 보고서는 기후 위기 시대, 우리에게는 더 이상의 선택지가 없다는 것과 인류의 골든아워가 앞으로 10년밖에 남지 않았다는 영화에서나 나올 법한 이야기를 담고 있습니다. 2014년부

터 2023년까지 10년 동안 지구의 표면온도가 1.19℃ 상승했고, 특히 2023년에는 1.43℃까지도 상승했다는 보고는 충격적이지요.

'지구온난화'라는 말이 1950년대에 처음 등장했지만 큰 제동 없이 계속해서 지구는 더워지고 있습니다. 이대로 아무 행동도 하지 않은 채 다시 10년을 보낸다면 걷잡을 수 없는 전 지구적 피해가 일어날 것입니다. 앞으로의 10년은 실제로 지구에 남은 물리적인 시간일 수도 있고, 과학자들의 목소리를 효과적으로 전달하기 위해 과장한 수치일 수도 있습니다. 이러한 기후 위기는 누구에 의해 어떻게 만들어지며, 또 어떤 형태로 나타나는 걸까요?

화석연료로 쌓아 올린 현대사와 탄소 문명

20세기 공상과학 영화에서나 등장할 법한 기후 재난이 21세기에 들어서서 실제로 발생하고 있습니다. 폭염, 홍수, 가뭄, 대기근, 대형 산불, 신종 바이러스까지 단순히 기후변화를 넘어 기후 재난이라고 할 만한 상황이 전 세계적으로 일어나고 있습니다. 발생 빈도와 피해 규모도 점점 확대되어, 이제는 인류의 생존마저 위협하고 있는 형편이지요.

그렇다면 이러한 기후 재난의 원인은 무엇일까요. 전문가들은 하나같이 현대 문명의 심장이라고 불리는 화석연료를 주범으로 지적하고 있습니다. 인류가 화석연료를 본격적으로 사용하기 시작한 시기는 산업혁명 이후입니다. 지구의 역사에서 보자면 찰나의 시간도 채 되지 않을 짧은 기간인데, 그사이 우리에게는 대체 무슨 일이 일어난 것일까요?

기후 재난의 원인을 설명하려면 화석연료가 미친 영향을 살펴봐야 합니다. 문명사의 관점에서 현대 인류는 짧은 시간 내에 그 어떤 때보다 거대한 발전을 이룩했습니다. 나무를 주 에너지원으로 사용하던 과거와 달리, 산업화 이후 새로운 에너지원으로 등장한 석탄과 석유는 우리에게 엄청난 동력을 제공해 주었지요. 그 후 약 300년간 화석연료는 산업, 공업, 농업, 운송 수단, 전기 생산 등 사회 전반에 걸쳐 사용되면서 인류의 삶을 완전히 바꿔 놓았습니다. 산업의 핵심 연료로 사용되면서 높은 생산성을 선사했고, 그 결과 세계에 여러 거대도시가 탄생했습니다. 인구는 급증했고 경제적 번영을 이루었지요.

이렇게 쌓아 올린 거대한 부는 의식주에도 큰 변화를 만들어 냈습니다. 높은 효율성을 기반으로 상품을 대량 생산할 수 있게 되었고, 현대인은 그 어느 때보다 풍요로운 삶을 누리고 있습니다. 생존을 위해서가 아니라 개성을 표현하기 위해 구매하는 의류, 언제 어디에서나 손쉽게 즐길 수 있는 세계 여러 나라의 음식, 잘 구축된 냉난방 시스템으로 누리는 안락한 실내 생활까지 화석연료를 사용하기 전에는 꿈도 꾸지 못했던 것을 향유하고 있지요. 산업혁명의 주요한 동력이 된 화석연료는 현대의 근간을 만들어 냈다고 해도 과언이 아닙니다. 현대 인류 문명을 '탄소 문명'이라고 부르는 이유가 여기에 있습니다.

탄소 문명의 반작용, 병들어 가는 파란 지구

세계적인 물리학자 아이작 뉴턴이 도입한 '작용-반작용'의 법칙에 따르면, 우리 세계의 힘은 반드시 양쪽에서 발생합니다. 즉 한 물체가 다른 물체에 힘을 가하면 다른 물체도 똑같은 크기의 힘을 반대 방향으로 가한다는 법칙입니다. 산업화 이후 3세기 동안 에너지 사용량은 유례없이 폭증했습니다. 그 결과, 우리는 탄소 문명이라 불리는 현대의 문명을 발전시켰지요. 뉴턴의 법칙에 따르면 거대한 힘이 가해진 탄소 문명의 반작용은 어떻게 나타나고 있을까요?

이 반작용의 결과로 발생하는 여러 기후 재난을 앞서 우리는 확인했습니다. 현대 문명의 탄생과 엄청난 발전 이면에서는 자연환경 훼손, 야생동물 서식지 파괴, 지구 자정작용 붕괴, 생물 다양성 소실 등의 결과가 만들어졌습니다. 일례로 국제 환경단체인 국제생태발자국네트워크GFN가 매년 발표하는 '지구 생태용량 초과의 날'을 보면 이 반작용의 결과를 한눈에 확인할 수 있습니다. GFN은 1971년부터 인류가 지구자원을 사용한 양과 그 배출 규모가 지구의 자정능력을 초과한 날을 '지구 생태용량 초과의 날'로 정해 발표하고 있는데, 그 날짜는 매해 앞당겨지고 있습니다. 1970년대 초만 하더라도 12월이었으나, 1987년에는 10월, 2000년에는 9월, 2022년에는 7월로 그 시기가 빨라졌지요. 즉 지구가 스스로 오염을 치유하는 능력이 줄어들고 있다는 의미입니다.

야생동물의 감소 또한 병들어 가는 지구를 보여 주는 예입니다. 아마존과 같은 열대우림과 카리브해 연안은 야생동물이 급격히 감소하는 대표적인 지역으로 자연생태계의 위기를 극명하게 보여 줍니다. 결과적으로 인간의 과도한 욕심으로 지구는 제 기능을 잃어 가고, 육상 및 해양의 생물다양성이 적게는 50%에서 많게는 80%까지 파괴되면서 생태계가 심각하게 훼손되고 있습니다. 생태계의 파괴와 자정능력 훼손은 지구의 지속가능한 미래를 심각하게 위협합니다.

서식지를 잃은 야생동물이 먹이와 살 곳을 찾아 인간의 거주지까지 이동하면서, 동물원성 감염병의 위험도 증가하고 있습니다. 2019년 12월에 전 세계적으로 확산한 코로나19 바이러스가 대표적인 사례입니다. 중국의 한 도시에서 최초 보고된 이 바이러스의 근원지는 야생에서 살던 박쥐이고 중간 숙주를 거쳐 사람에게 전파되었다는 연구 결과가 나왔습니다. 이는 동물과 인간 사이의 경계가 허물어지고 접촉 기회가 증가할수록 바이러스의 발생과 전파 가능성이 커진다는 사실을 보여 줍니다. 2019년 시작된 바이러스의 창궐로 세계의 국경이 폐쇄되고 모든 활동이 멈추었는데, 이는 자연을 무자비하게 이용한 인간을 향한 무언의 경고처럼 느껴지기도 합니다.

탄소 문명이 초래한 환경 파괴와 그로 인한 기후 위기는 나날이 심각해지고 있습니다. 이제는 손상된 환경을 회복하고 기후변화의 악영향을 막기 위한 즉각적인 행동이 필요한 때입니다. 인간의 작용이 지구에 어떤 반작용을 초래할지를 늘 고려해야 하며, 미래에도 지구가 지속될 수 있도록 적극적으로 행동해야 합니다.

거대한 온실, 점점 뜨거워지는 지구

기후변화로 인해 지구가 점점 더 뜨거워지고 있다는 것은 잘 알려진 사실입니다. 이를 '지구온난화'라고 하지요. 지구의 온도를 데우고 기후 위기를 초래하는 요인은 이산화탄소 배출량의 증가 이외에도 여러 가지가 있습니다. '토지 이용 변화'도 그중 한 가지입니다. 지금 우리가 사는 도시는 어떻게 만들어졌을까요? 산업화와 도시화가 진행되면서 울창했던 숲이 사라지고,

농사를 짓던 땅은 공장과 아파트로 바뀌었습니다. 한마디로 녹지가 사라지고 콘크리트와 아스팔트로 뒤덮였다는 뜻입니다. 이런 변화는 기후 위기와 아주 밀접한 상관관계가 있습니다.

첫째, 숲이 사라지면 '탄소 흡수원'이 줄어듭니다. 탄소 흡수원이란 대기 중의 이산화탄소를 흡수하는 숲이나 습지를 말하는데, 나무 한 그루는 연간 약 35kg의 이산화탄소를 흡수한다고 합니다. 그런데 산업화와 도시화로 매년 축구장 크기의 열대 우림이 40개씩 사라지고 있다고 하니, 심각한 상황이지요.

둘째, 콘크리트와 아스팔트로 뒤덮인 도시는 '도시열섬 효과'를 일으킵니다. 도시열섬 효과란 도시가 주변 농촌이나 숲보다 기온이 훨씬 높아지는 현상입니다. 한여름 도시의 아스팔트 위를 맨발로 걸어 본 적 있나요? 한여름 땡볕 아래의 아스팔트에서 계란을 깨뜨리면 프라이가 된다는 말은 이제 더는 농담이 아니게 되었습니다. 해가 진다고 해도 도시의 기온은 내려가지 않습니다. 도시에 갇힌 뜨거운 열기는 잠 못 드는 열대야를 만들어 내지요. 도시 전체가 낮이든 밤이든 뜨거운 열을 품고 있는 것입니다.

　　인류는 이산화탄소를 줄여 주는 숲을 파괴하고 도시를 점점 더 뜨거워지게 만들면서 기후 위기를 가속화하고 있습니다.

자연스러운 현상일 뿐, 지구온난화는 거짓말이다!

　　지금까지 기후변화가 인간의 인위적인 활동으로 인해 발생한다는 주장에 대해 살펴봤습니다. 그렇지만 기후변화에 대한 시각은 여러 가지입니다. 지구온난화는 거짓말이며, 지구의 오랜 역사 속에서 반복되어 온 극히 자연스러운 현상이라고 주장하는 사람들도 있습니다. 지구온난화가 거짓이라고 말하는 대표적인 인물로, 미국 대통령으로 두 번이나 당선된 도널드 트럼프를 들 수 있습니다. 트럼프는 지구온난화는 사기극이며, 미국의 경제 발전을 막으려는 일부 국가의 계략이라고 말했습니다. 그의 이러한 주장은 행동으로 이어져, 기후변화에 관한 국제협약인 '파리협정'에서 탈퇴하겠다고 발표했습니다. 또한 산업화 이전 대비 지구 평균기온 상승폭을 1.5℃ 이내로 제한하기 위해 어떤 조치가 필요한지를 과학적으로 분석하여 IPCC에서 발행한 「지구온난화 1.5℃ 특별보고서」를 두고 "나는 이 보고서를 믿지 않는다"라며 회의적인 태도를 보였습니다. 2018년 10월 제48차 IPCC 총회에서 트럼프는 마지못해 이 보고서의 채택에 찬성하기는 했지만, 2029년 보고서 작성에는 미국 정부 과학자들의 참여를 중단시키겠다는 결정을 내렸습니다.

트럼프 대통령의 주장이 극단적이기는 하지만 아무런 근거 없는 주장은 아닙니다. 이런 주장을 뒷받침하는 몇몇 과학자의 주장이 있습니다. 이들은 지구온난화가 인류의 활동과는 무관한 자연스러운 현상이라고 주장합니다. 그러면서 지구의 기후가 65만 년 동안 계속해서 따뜻해지고 차가워지는 자연적 순환을 겪어 왔고, 빙하도 수천 년 동안 확장과 후퇴를 반복해 왔으며, 해수면 역시 꾸준히 상승과 하강을 해왔다는 점을 근거로 듭니다. 또한 기후변화의 주된 원인은 태양열의 변동이나 심해 해류의 순환과 같은 자연적 요인이며, 대기 중의 이산화탄소는 해양이나 숲과 같은 '탄소 흡수원'에 의해 재흡수되므로 기후변화에 영향을 미치지 않는다고 말합니다.

지구는 수십억 년에 걸쳐 많은 변화를 겪었습니다. 지금의 기후변화 또한 인간이 배출하는 탄소 때문이 아니라 어쩌면 지극히 자연스럽게 벌어지는 현상은 아닐까요?

☑ **탄소 문명**　인류가 화석연료를 무분별하게 사용하면서 대기 중 이산화탄소 농도가 급증한 현대 문명의 위기를 진단하기 위해 사용된 용어. 탄소 의존도를 낮추지 않으면 현대 문명이 지속될 수 없다는 경고의 의미를 담고 있다.

☑ **지구 생태용량 초과의 날**　자연 자원에 대한 인류의 수요가 지구의 생산 및 흡수 능력을 초과하게 되는 시점을 일컫는 용어. 지구생태발자국네트워크가 매년 계산하여 발표하는 날짜로, 2025년의 지구 생태 초과의 날은 7월 24일로 발표했다. 이는 인류가 1년 치 자원을 단 7개월 24일 만에 소진한다는 의미다. 이 날짜는 해마다 점점 앞당겨지는 추세이며, 현재 인류는 지구가 1년 동안 재생산할 수 있는 양보다 약 75% 더 많은 자원을 소비하고 있다.

☑ **지구열대화**　지구온난화를 넘어서 지구의 기온이 급격하게 상승하는 현재 상황을 상징적으로 표현한 용어로, 제9대 유엔 사무총장 안토니우 구테흐스는 "지구온난화 시대가 끝나고 지구열대화 시대가 도래했다"라고 언급하며 기후변화에 대해 엄중하게 경고하였다.

☑ **도시열섬 효과**　도시의 기온이 주변 교외 지역보다 현저히 높게 나

타나는 현상이다. 아스팔트와 콘크리트로 뒤덮인 도시는 태양열을 더 많이 흡수하고 저장하며, 건물과 자동차에서 발생하는 인공열도 더해져 도시 중심부의 기온은 주변부보다 2~3℃ 높아진다. 특히 여름철 폭염 시에는 그 차이가 더욱 커진다.

✅ **IPCC** 기후변화에 관한 정부 간 협의체Intergovernmental Panel on Climate Change. 1988년 WMO와 UNEP가 공동으로 설립한 국제기구로, 기후변화의 과학적 근거, 영향, 향후 위험, 적응 및 완화 방안에 대한 포괄적 평가를 제공하는 것이 주 임무이다. 전 세계 수천 명의 과학자가 자발적으로 참여하여 평가보고서를 작성하며, 이는 각국 정부의 기후변화 정책 수립과 국제 기후변화 협상의 과학적 근거가 된다.

✅ **파리협정** 2015년 12월 12일 파리에서 채택된 파리협정은 195개국이 참여하는 법적 구속력 있는 최초의 보편적 기후협약이다. 산업화 이전 대비 지구 평균기온 상승폭을 2℃보다 훨씬 아래로 유지하고, 나아가 1.5℃ 이하로 제한하는 것을 핵심 목표로 삼는다. 2016년 11월 4일 발효된 이 협정에 따라 각국은 5년마다 자발적으로 국가온실가스 감축목표NDC를 제출하고 이행해야 한다. 대부분의 주요 배출국이 참여하고 있으나, 미국은 2025년 재차 탈퇴를 선언했다.

"기후 위기는
인류가 만들어 낸 비극이다"

1. 인류가 대량의 화석연료를
사용해 온실가스를 배출했다

우리 지구에는 기본적으로 환경오염 물질을 스스로 정화하는 힘이 있습니다. 우리는 이를 자정작용이라고 부릅니다. 그런데 인구가 폭발적으로 증가하면서 지구의 자기조절 능력이 더는 힘을 발휘하지 못하고 있습니다. 기후과학자들은 이러한 현상의 원인을 매우 짧은 기간에 너무 많은 오염원이 발생하고 온실가스가 다량 배출된 데서 찾고 있습니다.

 IPCC는 제1차 보고서를 발표한 시기인 1990년대까지만 해도 지구가 더워지는 기후변화 현상이 인간의 영향인지 확신하기는 어렵다고 주장했습니다. 그렇지만 30여 년이 흐른 2023년, 제6차 종합보고서를 발표하면서는 기후변화가 전적으로 인간의 활동으로 초래되었음을 강력하게 명시했습니다. 산업화 이전과 비교하면, 2011~2020년 기간에 전 지구 표면온도의 상승치는 $1.09\,^\circ C$이고, 2024년에는 $1.55\,^\circ C$까지 상승하여 점점 더 기온 상승이 가속화되고 있습니다. 지구와 자연의 자정작용 능력이 없었다면 그 상승치는 더 가팔랐을 것이라고 합니다.

 18세기 인류는 산업혁명을 거치며, 기계와 엔진으로 모든 세상을 움직이는 현대 문명을 탄생시켰습니다. 문명의 발전을 위해서는 엄청난 에너지가 필요했고, 이를 위해 인류는 약 300년 동안 석유, 석탄, 가스 등 대량의 화석연료를 태워서 에너지를 얻었습니다. 그리고 연소 과정에서 나온 이산화탄소는 그대로 대기 중에 노출되어 오늘날의 기후 위기를 초래했습니다. 산업화 이후 인류가 생산한 온실가스와 지구의 평균기온 상승 그래

프가 유사한 패턴을 보이며 상승하는 것만 보아도 기후 위기가 인간의 활동으로 유발되었음을 명백하게 알 수 있습니다.

2. 인류의 삶이 편리해질수록
지구는 불편해진다

인류는 현대 문명을 통해 엄청난 경제적 부를 축적하며 그 어느 때보다 번영의 시기를 보내고 있습니다. 수렵·채집 생활을 하며 오랜 시간을 밖에서 활동하던 오래전 인류와 달리 겨울에는 따뜻하고, 여름에는 시원한 집과 회사에서 날씨의 변화를 체감하지 않으며 쾌적하게 생활하고 있습니다. 또한 유행에 민감한 현대인은 빠르고 저렴하게 유행하는 옷을 만들어 내는 'ZARA'나 'H&M'과 같은 다국적 기업의 의류를 손쉽게 구매합니다. 패스트푸드처럼 빠르게 생산되고 소비된다고 해서 이런 의류 산업 모델을 '패스트패션'이라고 부르지요. 그뿐일까요. 기술의 눈부신 발전으로 언제 어디서나 휴대전화로 간단하고 빠르게 먹고 싶은 음식을 주문합니다.

하지만 빛이 강하면 그림자도 짙은 것처럼, 풍요로운 현대의 삶은 현재의 위기를 극대화하고 있습니다. 과도한 냉난방은 전력 부족이나 온실가스 배출 등의 문제를 일으키고, 배달 음식은 일회용 포장재의 사용을 크게 증가시키는 데다 해당 포장 용기는 대부분 재활용되지 않고 쓰레기로 버려집니다. 배달 차량에서 발생하는 탄소 배출량도 큰 문제가 아닐 수 없습니다.

패스트패션이 일으키는 문제도 만만치 않습니다. 세계경제포럼WEF의 2019년 통계에 따르면 전 세계에서 한 해 동안 1,000억 벌의 의류가 만들어지고, 이 의류는 평균 일곱 번 정도 입고 폐기된다고 합니다. 이렇게 버려진 헌 옷은 다시 아프리카, 중남미, 아시아의 일부 개발도상국으로 수출되지만 대부분은 재활용되지 못한 채 거대한 헌 옷 무덤을 만들고 있습니다. 우리나라도 2022년 기준 3억 5,100만 달러 규모의 헌 옷을 수출하여 헌 옷 수출량 5위 국가(미국, 중국, 영국, 독일 순)로 기록되었고, 2020년 한 해에만 약 8만 4,422톤의 의류 폐기물을 배출했습니다. 이렇게 재활용되지 못하는 헌 옷은 사실상 쓰레기로 취급되어 강, 해변, 산 등에 버려지고, 결국 유독한 화학 성분과 악취로 자연과 주변 환경을 오염시키는 원인이 되고 있습니다. 오염된 자연은 현지 주민에게는 물론 야생동물 및 야생식물, 농작물과 가축에도 심각한 영향을 미칩니다. 이처럼 오염된 자연은 다시 인간의 건강과 생활에 영향을 미치며 악순환이 이어집니다.

아름답고 경이로운 대자연을 품은 칠레의 북부 아타카마 사막이 엄청난 헌 옷 쓰레기장으로 변했다는 위성 사진을 최근 미국의 한 업체가 공개했는데요, 위성 사진으로도 확인되는 어마어마한 규모의 쓰레기 옷 무덤은 지구가 엄청난 위험에 처해 있다는 사실을 여실히 보여 줍니다.

3. 현대의 음식 문화가 기후 위기를 유발한다

편의성을 추구하는 생활 방식 못지않게 음식 문화 역시 환경 오염과 기후 위기를 유발하는 심각한 원인으로 지목됩니다. 많은 전문가와 환경단체가 현대인의 식습관이 기후 위기에 매우 치명적이라고 주장하며, 다양한 연구를 통해 육류 소비의 증가가 미친 영향을 밝혀내고 있습니다. 기후 위기의 주요 원인으로는 소나 양과 같은 가축이 음식을 소화하기 위해 되새김질을 하면서 배출하는 많은 양의 메테인이 지목됩니다. 소 한 마리가 1년 동안 배출하는 메테인의 양은 70~120kg 정도이며, 15억 마리로 추정되는 전 세계의 소가 1년에 배출하는 메테인은 약 7,500만~8,000만 톤으로 추정됩니다. 메테인이 이산화탄소보다 온실효과가 28배 더 크다고 알려진 만큼, 우리의 음식 문화가 기후 위기에 큰 영향을 미치고 있다는 경각심을 가져야만 합니다.

이 과정에서 가장 심각한 피해를 받는 지역이 바로 브라질, 인도네시아와 같은 열대우림 지역입니다. 전 세계 154개국에 소고기를 수출하는 브라질에서는 육류 생산 과정에서 매년 엄청난 아마존 산림이 파괴되고 있습니다. 이 중 70%가량은 불법 벌채나 불법 방화로 파괴되고 있지만, 정부의 규제는 턱없이 부족한 실정입니다. 유엔식량농업기구FAO에서는 과거 20년과 비교하여 아마존 산림의 절반이 넘는 면적이 축산업으로 인해 반영구적으로 훼손되었다고 밝혔습니다. 이외에도 인간은 팜유를 얻기 위해 인도네시아 열대우림의 80%를 불태우고, 천연자원을 채굴하기 위해 수많은 강과 산줄기를 훼손하고 오염시키고 있습니다.

그렇게 수십, 수백 년간 인간에게 이용된 자연은 스스로 재생하고 정화하는 능력을 잃어버린 채, 기후 위기라는 현상으로 우리에게 신호를 보내고 있습니다. 더 편리하고 더 풍족한 삶을 위해서라는 명목으로 지금처럼 자연을 이용한다면 과연 우리 삶은 앞으로 더 나아질 수 있을까요.

"기후 위기는
자연이 만들어 낸 현상이다"

1. 기후변화는 태양 활동주기의
변화에 따라 발생한다

기후변화는 인간이 만들어 낸 현상이 아니라 태양의 활동주기 변화로 인해 나타난 현상이라고 주장하는 사람들도 있습니다. 태양은 태양계의 중심 항성으로 막대한 에너지를 방출하는 천체입니다. 태양은 지구와 약 1억 4,960만km(1AU) 떨어져 있으며, 지구에 도달한 태양복사 에너지가 지표면을 가열하여 날씨와 기후를 형성합니다. 태양 표면에서 주변보다 온도가 낮아 검게 보이는 부위를 흑점이라고 하며, 이는 태양 활동의 대표적인 지표입니다. 과거 흑점의 수가 변화함에 따라 기후와 관련된 기록적인 현상이 관측되기도 했습니다.

현재까지 알려진 태양 활동의 대표적 주기는 11년으로, 이 기간에는 흑점 수가 많아지는 극대기와 적어지는 극소기가 있습니다. 몇몇 연구 결과에 따르면 이 주기에 따라 지구 온도가 변화한다고 합니다. 예를 들어, 17세기 중반부터 18세기 초반 사이에 태양 흑점이 극단적으로 감소한 극소기가 있었는데, 실제로 당시 유럽 대륙에 소빙하기가 도래하며 기온 하락, 재난, 대기근으로 많은 사람이 사망했습니다. 한국천문연구원은 11년 주기 외에도 60년, 240년이라는 긴 주기를 확인했으며, 흑점과 서리의 기록을 비교해 240년 주기로 우리나라 기온이 변화했음을 보고했습니다. 결과적으로 태양 활동 주기에 따라 기후가 변화했음을 유추할 수 있습니다.

2. 지구온난화는
간빙기 시기에 나타나는 자연현상이다

미국 대통령 도널드 트럼프는 "지구온난화는 아주 완전하고 비싼 사기다"라고 선언하며 2017년 파리협정 탈퇴를 발표했고, 이는 2020년 공식 발효되었습니다. 트럼프처럼 지구온난화와 기후 위기가 실제로 존재하지 않거나, 이 둘 사이에 상관관계가 없다고 주장하는 사람들도 있습니다.

과학자들은 수십만 년간 형성된 빙하를 분석해 지난 수백만 년 동안 지구 역사에서 빙하기와 간빙기가 주기적으로 반복되었음을 밝혀냈습니다. 이를 근거로 일부는 현재 지구가 따뜻해지는 현상, 즉 지구온난화가 빙하기 이후 간빙기로 진입하면서 나타나는 자연스러운 현상이라고 주장합니다.

빙기와 간빙기의 발생 원인에 대해서는 여러 가설이 존재하지만, 주로 지구에 도달하는 태양복사량의 변화에 따른다는 데 과학계가 대체로 동의합니다. 태양복사량 변화의 요인으로는 지구의 자전과 공전 주기 등이 있으며, 화산 폭발 역시 태양 빛을 차단해 일시적 냉각을 유발합니다. 이러한 현상으로 인해 지구 온도는 장기적으로 변동해 왔습니다. 이를 근거로 하여 지구의 온도 변화가 태양과 지구의 자연적 상호작용에서 비롯된다는 주장이 제기됩니다.

3. 이상기상 현상은 먼 과거에도 있었던 일이다

기후변화는 태양 활동, 지구와 태양 간 거리 변화, 자전축 기울기 변동 등에 의해 자연적으로 발생할 수 있습니다. 또한 이러한 기후변화는 현대에 갑작스럽게 나타난 현상이 아니라, 먼 과거에도 존재했습니다. 이는 우리나라의 고문헌을 통해서도 확인할 수 있는 사실입니다.

조선 태조부터 철종까지 472년간의 역사를 기록한 『조선왕조실록』에는 홍수, 혹한, 가뭄 등의 이상기상 현상이 약 677건 기록되어 있습니다. 특히 조선 후기로 갈수록 가뭄 해결을 위한 수로 정비와 기우제의 빈도가 증가합니다. 이를 통해 조선 시대에도 이상기상 문제는 대책이 필요한 사안이었으며, 결코 생소한 현상이 아니었음을 알 수 있습니다. 또한『조선왕조실록』
에는 17세기 유럽을 강타한 소빙하기와 관련된 내용도 나옵니
다. 17세기 중반 조선의 기온은 특히 한랭했으며, 조선 18대 임
금인 현종 11~13년(1670~1672년)에는 냉해로 식량 피해가 커
전국적인 대기근이 발생했다는 기록이 있습니다.

이외에도『삼국사기』와『고려사』에는 고대와 중세 시대의
홍수, 가뭄, 기근, 지진, 우박, 폭설 등의 자연재해가 기록되어
있습니다. 다만 당시 의학 기술과 인프라 부족으로 피해 규모가
현대보다 컸던 경우도 많았습니다. 따라서 이상기상 현상은 과
거에도 존재했듯이, 오늘날과 미래에도 자연적 요인으로 발생
할 수 있습니다.

사회자　　　김인류　　　이자연

안녕하십니까. 저희 '기후변화' 토론반에서는 '기후 위기, 정말 인류가 만들어 낸 비극일까?'를 주제로 이야기를 나누어 보려 합니다. 기후 위기는 현대 사회에서 단연 큰 관심을 받고 있는 주제라고 할 수 있습니다. 폭염, 홍수, 태풍, 가뭄 등은 그 말만 들어도 무시무시한 자연재해이고, 현재의 기록적인 이상기상 현상은 매년 수많은 재산 및 인명 피해를 내고 있습니다.

인류가 사용한 화석연료에서 만들어진 온실가스가 지금의 기후 위기를 유발했다는 주장과 이상기상은 자연스러운 현상이라는 주장이 맞서고 있는데요. 21세기, 지금 우리가 겪고 있는 기후 위기는 정말 인류의 인위적인 활동 때문에 일어난 재난일까요? 혹은 자연의 순리에 따라 발생하는 자연스러운 현상일까요? 오늘 참석해 주신 김인류 씨와 이자연 씨의 토론을 들어 보겠습니다.

안녕하세요. 저는 기후 위기는 인류가 만들어 낸 현상이라고 생각합니다. 많은 전문가가 지금의 기후 위기는 단기간에 배출된 온실가스와 그로 인한 지구온난화 때문이라고 주장합니다. 전 세계 과학자들이 참여한 IPCC의 제6차 종합보고서는 인간 활동이 기후변화의 주된 원인임을 명확히 밝히고 있습니다.

18세기 유럽을 살펴봅시다. 당시 산업혁명이 일어나며 인간은 거대한 기계를 만들어 사용하기 시작했고, 쉴 새 없이 기계를 돌리며 엄청난 화석연료를 태워 공기 중에 온실가스를 방출했습니다. 과학자들에 따르면, 오늘날 이산화탄소 농도는 약 420ppm으로, 최소 200만 년 내

최고 수치를 기록 중입니다. 미국의 기후학자 윌 슈테펜은 '대가속Great Acceleration' 그래프를 통해 산업혁명 이후 인구, 소득, 이산화탄소 농도, 지구 표면 온도가 모두 급격히 증가했음을 보여 주었습니다. 이것이 인류가 지구온난화, 즉 기후 위기의 범인임을 나타내는 주요 지표가 아니고 뭘까요?

산업혁명 이후 인구와 소득이 증가하면서 더 많은 에너지를 생산하고 소비했다는 사실에는 동의합니다. 그러나 지구온난화가 정말로 전적으로 인간 활동에 의해 발생한 것일까요? 일부 과학자는 온난화가 자연스러운 현상이며, 온난화와 기후 위기 사이에 상관관계가 없다고 주장합니다. 이들은 수십만 년의 역사가 담긴 빙하를 분석하여 지구에서 빙기와 간빙기가 주기적으로 나타났음을 확인했습니다. 이들이 발견한 사실에 따르면, 지구가 따뜻해지는 현상은 빙기에서 간빙기로 넘어가는 과정에서 발생하는 자연스러운 현상입니다. 지구온난화는 우

리가 현재 간빙기에 살고 있다는 뜻일 뿐이고, 기후 위기

는 그저 인간이 만들어 낸 눈속임일 뿐입니다.

지구에 거대한 주기가 작용한다는 것을 부정하는 것은

아닙니다. 그렇지만 우리가 주목해야 할 것은 바로 속도

입니다. 지금으로부터 약 5,500만 년 전에는 지구의 평

균기온이 1℃ 오르는 데 4,000년 이상이 걸린 것으로 추

정됩니다. 그런데 산업화 이후에는 어떻게 되었죠? 1℃

상승하는 데 고작 170여 년밖에 걸리지 않았습니다. 이

는 인간의 활동, 특히 온실가스 배출 때문입니다. 우리가

그 어느 때보다 풍족하게 입고, 먹고, 생활하며 누리는

동안 벌어진 일이지요. 산업혁명을 거친 인류는 경제적

풍요로움 속에서 과잉 생산과 소비를 하고 있습니다. 도

시에서 사는 현대인들은 냉난방 시스템 덕분에 계절의

변화도 느끼지 못한 채 생활하고, 유행을 좇기 위해 매년

저렴하고 다양한 의류와 액세서리를 소비합니다. 또 손

가락을 몇 번 움직이면 언제 어디서나 음식과 재료를 손

쉽게 구할 수 있습니다. 이러한 생활 방식은 엄청난 에너지를 사용하게 만듭니다. 우리의 풍요롭고 편안한 생활을 위해 지금도 엄청난 에너지가 사용되고 있으며 이는 기후 위기에 속도를 더하고 있습니다.

일부 선진국 도시들은 그렇지요. 하지만 여전히 많은 개발도상국과 저개발국은 전기 공급이 불완전해 정전을 일상적으로 경험하면서 아주 적은 온실가스만 배출하고 있습니다. 일부 대도시의 인간 활동이 거대한 지구를 변화시킨다는 것은 과대 해석이라고 생각합니다. 기후변화는 지구보다 강력한 태양의 영향을 받아 발생하는 현상일 수 있습니다. 태양에서 방출되는 막대한 열에너지가 지구의 날씨와 기후를 형성합니다. 이러한 기후변화는 태양 활동의 대표적인 현상인 흑점 개수의 변화로 증명할 수 있습니다. 과학자들은 흑점 수가 주기적으로 증가하는 극대기와 감소하는 극소기를 밝혀냈으며, 나아가 이러한 태양 활동의 주기가 지구의 온도 변화에 영향을 미친다는 것을 확인했습니다. 가장 유명한 예로 17세기 중반부터 18세기 초반에 태양 흑점이 극단적으로 감소했을 때 유럽에 소빙하기가 도래했던 것을 들 수 있습니다. 우리나라에도 태양 흑점 변화에 따라 기온이 변한 기록이 있습니다. 다시 말해 태양 활동의 주기가 기후변화에 영향을 미친다는 것입니다.

말씀하신 대로 태양의 흑점이 일정한 주기로 변화한다면, 지구의 온도도 그에 맞춰 오르내려야 하지 않을까요? 그런데 실제로는 태양 활동의 변화폭은 지구 온도에 미치는 영향이 제한적입니다. 미국 항공우주국NASA에 따르면 태양 복사 에너지의 변화량은 매우 작은 반면, 현재 지구 온도는 지속적으로 상승하고 있습니다. 그렇다면 태양 활동과 무관하게 지구 온도가 계속해서 오르고 이상기상 현상이 매년 발생하는 것은 어떻게 설명할 수 있을까요? 이러한 악순환의 고리는 현대인의 욕심에서 비롯되었습니다. 우리는 편리하고 풍족한 삶을 위해 자연을 착취하고 파괴하고 있습니다. 특히 육식을 즐기는 식습관으로 인해 돼지, 소, 닭을 기르느라 남아메리카의 아마존 열대우림은 매년 대규모로 파괴되고 있습니다. 인간의 이기적인 욕심을 채우고자 지금처럼 자연을 이용한다면, 지구와 우리의 삶은 어떻게 될까요?

지금 우리가 겪는 이상기상 현상이 단순히 인간 때문에 생긴 현상이라면, 오히려 기후변화 문제는 해결하기 쉬울 수 있겠지요. 그렇지만 이러한 기후변화는 현대에 들어 갑작스럽게 나타난 현상이 아닙니다. 아주 오래전부터 있었던 일이며, 이는 우리의 과거 역사 자료에서도 확인됩니다. 『조선왕조실록』에는 총 677건의 이상기상 현상이 기록되어 있습니다. 특히 조선 후기로 갈수록 가뭄이 잦아져 기우제를 많이 지냈다는 기록이 나옵니다. 그 외에도 『삼국사기』와 『고려사』 등의 자료를 보면 고대와 중세에도 지금과 같은 홍수, 가뭄, 기근, 지진, 폭설 등의 이상기상 현상이 발생했음을 알 수 있습니다. 이런 이상기상 현상은 아주 먼 과거부터 현재까지 이어졌고, 미래에도 발생할 자연스러운 현상입니다.

네, 긴 시간 함께해 주신 두 분께 감사드립니다. 두 분 마무리 발언 해주시죠.

앞서 말씀드렸다시피 기후 위기는 인류의 무분별한 활동이 만들어 낸 현상입니다. 지구는 재생능력을 잃어 가는 반면에, 이산화탄소의 농도, 자연재해의 발생 빈도 모두 빠른 속도로 증가하고 있습니다. 그에 따라 지구온난화는 가속화되고 있지요. 인간의 활동이 기후변화에 전적으로 영향을 미친다는 사실을 직시하고, 이 위기를 타개할 해결방안을 마련해야 할 때입니다. 그렇지 않으면 여섯 번째 생물 대멸종을 맞이하는 최후의 날이 바로 코앞으로 다가올 수 있습니다.

거대한 지구와 태양의 힘 앞에서 인류의 힘은 미약합니

다. 기후변화는 태양의 활동, 지구와 태양과의 거리, 지구의 자전과 공전 등의 원인에 의해 발생하는 자연스러운 현상입니다. 또한 기후 위기라고 부르는 이상기상 현상 역시 아주 먼 과거에도 있었던 자연스러운 현상입니다. 기후 위기 해결을 이유로 인류가 불편함을 감수할 이유는 없습니다.

1. 책의 내용을 보며 다음 빈칸을 채워 보자.

- (   )은 인류가 화석연료를 무분별하게 사용하면서 대기 중 이산화탄소 농도가 급증한 현대 문명의 위기를 진단하기 위해 사용된 용어이다.

- 2025년의 (   )은 7월 24일로 발표되었다. 이는 인류가 1년 치 자원을 7개월 24일 만에 소진한다는 의미이다.

- (   )는 도시의 기온이 주변 교외 지역보다 현저히 높게 나타나는 현상으로, 이는 주로 아스팔트와 콘크리트가 태양열을 많이 흡수하고 저장하기 때문이다.

- (   )은 2015년 채택된 법적 구속력 있는 최초의 보편적 기후협약으로, 지구 평균기온 상승을 2℃보다 훨씬 아래로 유지하고, 나아가 1.5℃ 이하로 제한하는 것을 목표로 한다.

2. **토론 내용을 보고 찬성과 반대 입장의 주장과 그 근거를 간단히 정리해 보자.**

- 기후 위기, 인류가 만들어 낸 비극일까?

- 찬성

- 반대

3. 기후 위기 현상의 원인에 대한 나의 생각을 정리해 보자.

- 나는 기후 위기 현상의 원인에 대해 ______________
  라고 생각한다.
  왜냐하면

2

기후 위기,
과연 누구의
책임일까?

선진국이 기후 위기 해결에
책임을 져야 한다

개발도상국도 기후 위기 해결에
책임이 있다

"우리는 가라앉고 있습니다."

몇 년 전 태평양의 작은 섬나라 투발루의 외교부 장관 사이먼 코페가 정장 차림으로 무릎까지 물속에 잠긴 채 연설하여 화제가 되었습니다. 투발루의 평균 해발고도는 약 2m에 불과한데 해수면이 지속적으로 상승해 아홉 개 섬 가운데 일부 지역이 침수 위협을 받고 있으며, 1만 2,000명의 인구가 생존에 위협을 받고 있습니다. 더는 해결을 미룰 수 없다는 절박함에 외교부 장관이 수중 연설에 나선 것이지요.

기후 위기로 매년 기록적인 피해가 나타나면서 세계 곳곳에서 대응 방안이 필요하다는 주장이 나오기 시작했습니다. 이 가운데 최근 유엔과 같은 국제기구, 학계, 시민

단체는 새로운 이론적 논의로서 '기후정의Climate Justice'에 주목하고 있습니다. 유엔기후변화협약 당사국 총회 COP의 스물일곱 번째 회의에서는 기후정의를 주요 의제로 선정해 이 위기를 초래한 책임의 주체와 보상을 받을 피해의 주체에 대해 집중적으로 논의했습니다. 이들의 핵심 주장은 기후 위기는 기본적으로 불평등한 현상이라는 것입니다. 기후 위기는 전 세계적인 현상이지만, 취약계층 혹은 가난한 국가가 더 큰 영향과 피해를 받는다고 주장합니다. 또한 기후 위기를 초래한 주체는 따로 있으며 이들이 피해의 책임을 져야 한다고 말합니다. 그렇다면 현재의 기후 위기를 야기한 주체는 누구이고, 그들은 무엇을 어떻게 책임져야 할까요?

공유지의 비극이 만든 기후 위기

만약 100명이 사는 마을에 마을 주민 모두가 이용할 수 있는 공동 목장이 있다면 여러분은 이 목장을 어떻게 이용할 건가요? 남들보다 더 많은 소를 데려와 목장의 풀을 먹이면 자신에게 돌아오는 이익이 더 커지겠지요? 그러나 나머지 99명의 주민도 같은 생각으로 소를 계속 데려올 것이고, 머지 않아 목장의 풀은 모두 사라지고 말 것입니다. 결국 소는 풀을 먹지 못하게 되어 주민 모두가 아무런 이득도 얻지 못하게 되겠지요. 풍요로웠

던 목장이 쓸모없는 폐허가 되어 버리는 것입니다. 이것이 바로 미국의 생태학자이자 생물학자인 개릿 하딘이 주장한 '공유지의 비극' 이론입니다.

이 이론은 경제학적 개념이지만, 생태계에도 적용됩니다. 지금부터 공동 목장을 지구로 보고, 100명의 마을 주민을 약 80억 명의 지구 인류로 바꿔 생각해 봅시다. 공동 목장에서 마을 사람들은 풀이라는 자원을 앞다퉈 더 빨리 더 많이 가져가려 했지요. 지구에서는 산림과 습지, 해양 및 어족 자원, 물과 공기 등의 자원을 모두가 나눠 씁니다. 그리고 여기서도 공유지의 비극은 여실히 모습을 드러냅니다. 개발의 여파로 산림과 습지는 점점 사라지고 있으며, 물을 과도하게 끌어다 써서 생태계가 붕괴한 사례도 찾아볼 수 있습니다. 공기는 어떨까요? 이산화탄소라는 오염물질을 대기라는 공동 자원에 가져다 버리는 행태가 일상적으로 벌어지고 있습니다. 대기라는 공유지가 인류가 앞다퉈 배출한 이산화탄소로 인해 공동 목장처럼 황폐화되어 가고 있는 것입니다.

이산화탄소는 지구온난화를 유발하는 대표적인 온실가스

로, 적절한 양은 지구의 평균기온 유지에 중요한 역할을 하지만, 과도하게 배출되면 지구에서 우주로 나가는 열을 붙잡아 두어 온실효과를 유발합니다. 인위적인 온실가스는 지구의 평균기온을 점점 더 상승시켜 지구온난화를 가속하고, 자연스러운 지구 에너지의 균형과 흐름을 파괴하여 기후변화를 초래합니다. 폭염, 홍수, 가뭄 외에도 집중호우, 산사태, 태풍, 산불, 폭설 등의 자연재해가 기후변화로 인해 유발되고 있으며, 이러한 극한의 기후 현상이 세계 곳곳에서 발생하면서 기후 위기로까지 이어지고 있습니다.

기후 불평등을 해결하기 위해 등장한 기후정의

산업혁명의 시작과 함께 약 300년간 대기 중으로 배출된 온실가스는 기후 위기를 초래했고 이로 인한 피해는 국경을 초월해 발생하고 있습니다. 특히 경제적으로 풍요롭지 못한 아프리카나 남아메리카, 여전히 농업이나 어업과 같은 1차산업이 국가의 주요 산업인 동남아시아 그리고 바다로 둘러싸인 작은 섬 국가에서는 더 크고 회복하기 어려운 재난이 발생하고 있습니다. 지난 30년간 해수면이 약 20cm 상승한 사모아나 피지 같은 태평양의 섬나라 주민들은 국토가 바다에 잠길지도 모른다는 두려움 속에서 살고 있습니다. 투발루와 파나마의 작은 섬 가르디수그두브에 사는 원주민은 이미 인근 나라로 망명을 신청한 대표적인 '기후 난민' 사례입니다. 또한 인도네시아와 태국 등은 해수면 상승으로 국가의 수도를 이전할 계획까지 추진하고 있습니다.

세계 곳곳의 이상징후만 봐도 기후 위기가 불평등하다는 것을 알 수 있습니다. 여기서 중요한 것은 이러한 이상기상 현상이 점점 잦아지고, 지리적 위치, 자연환경, 경제적 상황으로 인해 아프리카, 중남미, 아시아 국가들을 중심으로 그 피해가 더욱 극단적으로 나타난다는 사실입니다. 2022년 여름 파키스탄에서는 기록적인 폭우로 인해 약 1,700명이 희생되는 국가적 기후 재난이 발생했는데, 아이러니하게도 파키스탄은 전 세계 온실가스 배출량에서 1%도 차지하지 않는 국가라는 점입니다. 이에 파키스탄 정부를 비롯한 국제사회에서 기후변화에 책임이 큰 강대국이 피해를 보상해야 한다는 목소리가 높아졌습니다.

이런 불평등을 해결하기 위해 기후정의라는 개념이 등장했습니다. 기후정의란 현재 기후 위기를 유발한 자와 피해를 보는 자가 일치하지 않는다는 인식에서 출발했습니다. 이러한 격차를 해소하고 공정한 사회를 만들기 위해 기후 위기를 유발한 쪽, 즉 온실가스를 더 많이 배출한 국가나 집단이 더 큰 책임을 져야 한다는 개념으로 이어졌습니다. 그렇다면 현재 온실가스를 가장 많이 배출하는 나라는 어디일까요? 그리고 과거부터 지금까지 온실가스를 가장 많이 배출한 곳은 어디일까요?

온실가스 배출량 1위는 누구?

국가별 온실가스 배출량을 보면 어떤 나라가 가장 많은 책임을 져야 하는지 알 수 있습니다. 영국 기반의 국제 통계 사이트인

'Our World in Data'에 따르면, 산업혁명이 시작된 18세기 중반부터 현재까지 전 세계적으로 1조 6,956억 톤의 이산화탄소가 누적 배출되었습니다. 누적 배출 순위 1위는 미국으로 4,167억 톤(24.6%), 2위는 유럽연합EU으로 2,901억 톤(17.1%), 3위는 중국으로 2,355억 톤(13.9%)이며, 그 뒤를 러시아, 독일, 영국 등이 잇고 있습니다. 이 통계를 통해 이산화탄소 배출량과 경제 발전과의 관계를 확인할 수 있습니다. 미국과 일부 유럽의 고소득 선진국은 수많은 공장을 가동해 이산화탄소를 대량 배출하는 한편, 전 세계로 자국의 생산품을 수출하면서 막대한 이득을 축적해 지금의 경제 선진국 대열에 진입할 수 있었습니다.

그렇다면 이들 국가는 지금도 과거처럼 온실가스를 다량 배출하고 있을까요? 2020년 국가별 이산화탄소 배출량 순위를 보면 달라진 차이를 확인할 수 있습니다. 중국이 급격하게 많은 양의 이산화탄소를 배출하며 세계 1위(106억 톤, 30.6%)를 차지했고, 미국이 2위(47억 톤, 13.5%), 유럽연합이 3위(25억 톤, 7.5%)를 기록했습니다. 그리고 인도가 새로운 이산화탄소 다배출 국가로 등장하며 4위(24억 톤, 7%)에 올랐습니다. 그 뒤를 이란, 사우디아라비아, 인도네시아 등의 개발도상국이 따르고 있습니다. 통계에서 알 수 있듯이, 중국과 인도, 인도네시아 등 개발도상국은 21세기에 접어들면서 대량의 이산화탄소를 배출하며 급속한 경제성장을 이루고 있으며, 동시에 폭발적으로 인구가 증가하는 공통점을 가지고 있습니다.

지금까지 지구 환경을 오염시키고 자원을 무분별하게 사용해 현재의 기후 위기를 초래한 선진국과, 최근 경제성장 과정에서 배출량이 급증한 개발도상국이 동등한 책임을 진다면, 과연 이를 공정한 조치라고 할 수 있을까요?

역사적으로 누적된 배출 책임에 차이가 있고 현재의 경제적·사회적 여건이 천차만별인 상황에서 획일적인 기준을 적용하는 것은 형평성에 어긋납니다. 기후 위기로 더 이상 물러설 여지가 없는 지금도 저마다 입장과 처지가 달라 모든 국가의 뜻을 하나로 모으기란 쉽지 않은 상황입니다. 따라서 기후정의의 관점에서 과거 누적 배출량과 현재 배출량 그리고 각국의 대응 능력을 종합적으로 고려하여 차별화된 책임을 부여하고, 기후 변화에 취약한 국가에 대한 기술 지원과 피해 보상을 대폭 강화

함으로써 보다 공정하고 실효성 있는 지속가능한 해결책을 모색해야 할 것입니다.

주제 관련 핵심 용어 정리

✅ **기후정의** 기후변화에 주된 책임이 있는 자와 피해를 받는 자가 일치하지 않기 때문에 기후변화를 유발한 사람들이 더 큰 책임을 져야 한다는 개념. 이는 현재의 기후 위기를 초래한 주요 원인은 상대적으로 많은 온실가스를 배출한 선진국이며, 경제적·지리적으로 취약한 개발도상국이나 섬나라가 더 큰 피해를 입고 있는 현실을 반영한다. 기후정의는 이러한 불균형을 바로잡기 위해 보상과 지원을 포함한 공정한 대응을 요구하는 국제적 논의로 발전해 왔다.

✅ **기후난민** 기후 위기로 인해 생태 환경이 변화하면서 살던 곳을 떠나 난민이 되는 사람을 일컫는다. 지구온난화로 해수면이 상승하면서 침수 위기에 놓인 국가, 오랜 가뭄으로 대기근이 발생한 국가에서 주로 발생한다.

✅ **온실가스** 지구를 따뜻하게 감싸 우리가 살기에 적당한 온도를 유지해 주는 기체. 그러나 그 양이 필요 이상으로 증가하면 지구의 기온이 과도하게 상승하는 현상인 지구온난화의 주범으로 작용한다. 대표적인 온실가스에는 이산화탄소CO_2, 메탄CH_4, 아산화질소N_2O 그리고 수증기가 포함되며, 이들은 대기 중에서 지구 복사열을 흡수하고 재방출하여 온실효과를 일으킨다. 이중 이산화탄소는 온실가스의 약 80%로 가장 높은

비중을 차지하고 있다. 인간 활동으로 배출되는 온실가스는 산업혁명 이후 급증하며 기후변화를 가속화하고 있다.

✅ **탄소중립** 온실가스 농도 증가를 막기 위해, 인간 활동으로 발생하는 배출량을 줄이고 흡수량을 늘려 탄소 순 배출량을 'O'으로 만드는 것. 이는 지구온난화와 기후변화를 완화하기 위한 목표로, 배출 감소와 흡수 증대가 동시에 이루어져야 한다. 대표적인 방법으로는 재생에너지 사용 확대, 산림 조성, 탄소 포집 및 저장CCS 등이 있으며, 2050년까지 탄소중립을 달성하겠다는 국가적·국제적 약속이 추진되고 있다.

✅ **공유지의 비극** 개인이 공유 자원을 이기적으로 과도하게 사용하면 자원이 고갈되고 모두가 피해를 입게 되는 현상을 뜻한다. 미국의 생태학자 개릿 하딘이 1968년에 제시한 이론으로, 주민이 공동 목장에 소를 무제한으로 방목하면 풀이 사라져 모두 손해를 보는 상황을 예로 들었다. 이는 대기, 해양, 산림 같은 공유 자원이 인간 활동으로 오염되거나 파괴되는 현대 환경문제에도 적용된다.

"선진국이 기후 위기 해결에
책임을 져야 한다"

1. 온실가스 누적 배출량 상위권은
미국과 일부 유럽 선진국이다

기후 위기의 책임은 이를 유발한 직접 요인인 온실가스 배출량을 근거로 하여 판단해야 합니다. 산업화 이후 최근까지의 온실가스 누적 배출량을 살펴보면, 미국이 4,167억 톤으로 전 세계 누적 배출량의 약 24.6%를 차지하며 1위를 기록했습니다. 유럽연합은 2,901억 톤으로 17.1%를 차지해 2위, 중국은 2,355억 톤으로 13.9%를 기록하며 3위를 차지했습니다. 대륙별로는 선진국이 주로 위치한 유럽(31.3%)과 북아메리카(28.2%)의 누적 배출량이 전 세계의 약 59.5%에 달합니다.

유럽과 북아메리카 대륙의 국가들은 약 300년 동안 산업혁명을 거치면서 엄청난 온실가스를 배출했고, 이는 현재 기후 위기의 주요 원인으로 지목됩니다. 이들은 온실가스 배출을 통해 산업화와 경제성장을 이루며 상당한 경제적 이익을 얻었고, 결과적으로 현재 대륙별 소득 수준이 가장 높은 지역이 되었습니다. 반면, 아프리카와 남아메리카는 낮은 배출량에도 불구하고 기후변화로 인한 홍수, 가뭄 등 자연재해로 큰 피해를 입고 있으며, 피해를 회복하기 위한 경제력도 악화되는 상황입니다.

이처럼 기후 위기에 주된 책임이 있는 국가와 피해를 받는 국가가 불평등하게 나뉘어 있기 때문에, 경제적 선진국이 더 큰 책임을 지고 기후정의를 실현해야 합니다.

2. 은밀한 눈속임,
선진국 기업들의 그린워싱 정책

각종 자료를 보면 미국과 유럽연합의 온실가스 배출량이 과거보다 감소하고 있는 것은 사실입니다. 그런데 미국과 유럽 국가들의 온실가스 배출량이 그들이 발표한 만큼 정말로 줄어들고 있을까요? 안타깝게도 이는 절반은 사실이고, 절반은 사실이 아닙니다. 선진국들은 기후 위기를 해결하기 위해 탄소중립 목표를 세우고, 온실가스 감축을 위한 법 제도와 과학 기술 개발에 많은 자금을 투입하며 감축 방안을 모색하고 있습니다. 그러나 온실가스 배출량이 감소한 것처럼 보이는 데는 선진국 기업들의 '선택적 측정 방식'이라는 숨겨진 요인도 작용하고 있습니다.

기업의 온실가스 배출량을 측정하기 위해 국제적으로 합의한 방법론인 GHG 프로토콜은 배출 원인에 따라 온실가스를 'Scope 1, 2, 3'으로 구분합니다. Scope 1은 기업이 소유하거나 통제하는 시설에서 직접 배출되는 온실가스를, Scope 2는 기업이 사용하는 전기나 열 등 에너지 소비로 인해 간접적으로 발생하는 온실가스를, Scope 3은 기업의 공급망(원재료 조달부터 완제품이 소비자에게 전달되기까지의 전체 과정, 하청업체 포함)에서 발생하는 간접 배출량을 의미합니다. 초기 GHG 프로토콜에서는 Scope 3 관리가 의무가 아니었기 때문에, 기업들은 이를 제외하고 배출량을 보고해 수치를 크게 낮출 수 있었습니다.

최근 기후 위기의 심각성이 부각되며 Scope 3 배출량도 관리해야 한다는 목소리가 커졌지만, 기업 부담을 이유로 철저한 감시가 이루어지지 않고 있습니다. 일부에서는 온실가스를 배출할 수 있는 권리인 온실가스 배출권 구매만으로 Scope 3 감축을 인정받으려는 움직임도 있어, 온실가스 측정이 '그린워싱'으로 악용될 가능성도 제기되고 있습니다.

그린워싱은 환경 보호 효과가 미미함에도 불구하고 친환경 이미지를 과장하여 홍보하는 행위를 뜻합니다. 일회용 컵에 '친환경 소재' 라벨을 붙이거나, 제품 포장재 일부만 재활용 소재로 바꾸고 '100% 친환경'으로 광고하는 사례가 이에 해당합니다. 한 연구에 따르면 미국 기업의 약 50%가 의도치 않게 그린워싱에 연루된 것으로 추정됩니다. 이러한 그린워싱이 지속될 경우 소비자의 환경 의식을 왜곡하고 실질적인 기후 대응을 저해할 수 있습니다. 선진국은 그린워싱이라는 은밀한 눈속임을 하는 대신, 기후 위기에 확실하게 책임을 져야 할 것입니다.

3. 기후 위기 해결은 선진국의 약속 이행에서부터

앞서 기후정의를 실현하려면 공정한 책임 분배가 필요하다고 말했습니다. 그렇다면 기후변화를 유발한 책임과 공정한 분배를 정량적으로 계산해 측정할 수 있을까요? 이는 매우 어려운 과제입니다. 그렇기 때문에 기후정의에서는 선진국의 자발적인 이행과 실천이 무엇보다 중요합니다. 인도의 나렌드라 모디 총리는 최근 경제성장을 가속화하는 개발도상국과 저개발국에 대한 선진국의 배려를 촉구했습니다. 그렇다면 어떻게 해야 기후변화로 인한 피해와 불평등을 바로잡을 수 있을까요?

기후 위기로 인한 불평등을 해결하는 데 가장 시급한 과제는 취약 국가들이 기후 위기에 무방비로 노출되지 않도록 경제적·기술적 지원을 제공하는 것입니다. 미국, 유럽과 같은 선진국은 산업화 시기에 막대한 경제적 이익을 얻었고, 이를 기술 개발에 재투자해 현재 그 어떤 국가보다 경제·기술 강국으로 자리 잡았습니다. 따라서 이들은 기후 취약 국가가 온실가스를 감축하고 이상 기후 피해로부터 회복할 수 있도록 지원할 책임이 있습니다. 이는 이미 15년 전 국제적으로 합의된 사안입니다. 2009년 덴마크 코펜하겐에서 개최한 제15회 유엔기후변화협약 당사국 총회에서 선진국들은 2020년까지 개발도상국의 온실가스 감축을 돕기 위해 해마다 1,000억 달러(약 133조 원) 규모의 기후기금을 조성하기로 약속했습니다. 그러나 누가 얼마를 부담할지에 대한 구체적 합의는 아직도 이루어지지 않았습니다. 선진국들은 기후 위기가 더 심화되기 전에 국제사회에 모범을 보이며, 온실가스 누적 배출량에 상응하는 책임을 다해야 합니다.

"개발도상국도 기후 위기 해결에
책임이 있다"

1. 개발도상국의
온실가스 배출량이 최근 급증하고 있다

미국, 유럽과 같은 선진국의 온실가스 누적 배출량이 많은 것은 사실입니다. 그러나 현재 전 세계에서 가장 많은 온실가스를 배출하는 국가를 보면 기후 위기의 책임을 어떻게 분배해야 할지 모호해집니다. 2020년 기준 중국은 106억 톤의 이산화탄소를 배출하며 전 세계 배출량의 약 31%를 차지해 1위를 기록했습니다. 미국(13.5%)과 유럽연합(7.5%)이 그 뒤를 잇고 있으며, 인도(6.6%), 이란, 사우디아라비아 등이 뒤따르며 순위에 포함됩니다. 따라서 최근 배출량을 기준으로 하면 중국과 인도 같은 개발도상국도 기후 위기 책임에서 자유로울 수 없습니다.

중국과 인도는 지난 반세기 동안 급격한 경제성장을 이루며 '세계의 공장'이라는 별칭을 얻었습니다. 중국에는 약 280만 개의 공장이 등록되어 있으며, 이는 한국(약 18만 개)과 비교해도 그 규모가 압도적입니다. 중국뿐 아니라 다른 개발도상국들도 저렴한 임대료와 풍부한 노동력을 활용해 공장을 24시간 가동하며 온실가스를 대량으로 배출하고 있습니다.

이 때문에 미국은 개발도상국을 대표하는 중국이 기후 위기 해결에 적극적으로 나서야 한다고 비판합니다. 반면 중국은 선진국이 역사적 책임을 더 많이 져야 한다며, 세계 최대 온실가스 배출국으로서의 자국 책임을 일부 회피하고 있습니다. 결국 중국과 인도 같은 거대 개발도상국의 참여 없이는 기후정의 실현이 어려울 것으로 보입니다.

2. 전 세계 인구의 85%가
개발도상국에 거주하고 있다

우리가 직면한 기후 위기는 단순히 이상기상 현상이 발생하는 문제를 넘어섭니다. 기후 위기는 인류의 건강, 경제, 사회, 정치 등 삶의 전반적인 영역에 심각한 영향을 미치고 있습니다. 극심한 가뭄, 홍수, 폭염 같은 이상기상 현상으로 세계 곳곳에서 식량난이 발생하고 있으며, 때로 식량 가격 폭등이 국제사회 분쟁의 원인이 되기도 합니다. 더욱 심각한 문제는 이러한 대규모 위기가 개발도상국에 더 치명적인 피해를 초래한다는 점입니다.

유엔 인구보고서에 따르면, 2023년 기준 전 세계 인구의 약 85%(약 68억 명)가 개발도상국에 거주하고 있으며, 이 지역의 인구는 계속해서 빠르게 증가하고 있습니다. 특히 개발도상국에서는 경제 활동을 위해 도시로 몰려드는 이촌향도 현상이 두드러지는데, 이렇게 도시로 집중되는 인구는 막대한 식량, 에너지, 물을 소비하며 이산화탄소를 대량 배출합니다. 국가마다 다르지만, 전 세계 1인당 연간 이산화탄소 배출량은 평균 약 4.4톤으로 추정되며, 인구의 85%가 모여 있는 개발도상국의 절대 배출량은 상당할 것으로 예상합니다. 이와 함께 급격한 도시화는 주택 부족, 실업, 빈곤, 불평등, 범죄 같은 사회적 문제를 동반합니다.

앞서 기후정의에 대해 이야기하며, 기후 위기의 원인 제공 국가와 피해를 입는 국가가 다르다는 점을 확인했습니다. 기후 변화가 불평등한 문제이고 그 피해를 가난하고 취약한 국가들이 주로 떠안고 있다면, 개발도상국도 이 위기를 극복하기 위한 책임 있는 행동에 동참해야 할 것입니다. 더불어 개발도상국의 급격한 인구 증가는 자원 소비와 온실가스 배출을 가속화하며 기후 위기를 더욱 악화시킬 수 있음을 명심해야 합니다.

3. 기후 위기 해결은
지구 공통의 책임이다

현재 기후 위기를 해결하기 위해 다양한 해결책이 마련되고 있습니다. 국가별로는 탄소중립 목표를 설정하고 이를 실현하기 위한 구체적인 비전을 제시하고 있으며, 기업들도 신기술 적용과 막대한 자본 투자 등으로 이에 동참하고 있습니다. 구글은 재생에너지만을 활용해 데이터 센터와 사무실을 운영하겠다는 목표를 세웠고, 아마존은 10만 대의 전기 배송 차량을 도입해 배송 과정에서 탄소 배출을 줄이겠다고 선언했습니다. 테슬라는 전기차와 배터리 개발에 대규모 투자를 실행해 교통 부문의 탄소 감축을 선도하고 있습니다. 이처럼 선진국 대기업들은 고유한 기술과 자본을 활용해 전 세계가 기후 위기에 대응하도록 지원하고 있습니다.

그렇다면 선진국처럼 자본을 투자해 기술을 개발하기 어렵고, 기후변화를 야기하는 산업 활동을 억제시키기도 힘든 개발도상국은 그저 가만히 기다리기만 하면 될까요? 그렇지 않습니다. 1992년 채택된 유엔기후변화협약의 핵심 원칙인 '공통의 그러나 차별화된 책임Common But Differentiated Responsibilities, CBDR' 이 있기 때문입니다. 이 원칙은 선진국과 개발도상국의 역사적·경제적 차이를 인정하면서도 기후 위기에 대응할 공동의 의무를 강조합니다. 이는 파리협정(2015)에서 발전해 모든 당사국이 참여하는 보편적 기후 대응 체제를 구축하는 기반이 되었습니다.

기후 위기는 단일 국가나 대륙의 문제가 아니라, 시간과 국경을 초월해 발생하는 전 지구적 과제입니다. 개발도상국이 선진국에 기후 위기 책임을 묻기 위해서는 스스로도 공통의 위기 해결에 적극적으로 참여해야 합니다. 천혜의 탄소 흡수원인 산림과 해양을 보호하고, 신재생에너지 사용을 확대하고, 탄소중립을 위한 국민의 실천을 장려함으로써 기후 위기 대응에 기여할 수 있습니다. 자연 보전을 통한 탄소 감축은 책임 있는 실천으로, 이를 통해 국제사회의 협력과 지지를 얻을 수 있을 것입니다.

사회자

김선진

이개도

안녕하십니까. 오늘 '기후변화' 토론반에서는 '기후 위기, 과연 누구의 책임일까?'를 주제로 이야기를 나누어 보려 합니다. 기후 위기는 전 세계적으로 발생하지만, 그 영향과 피해는 불평등하게 나타납니다. 이러한 불평등에 따라 '기후정의' 개념이 대두되며, 위기를 유발한 국가에 더 큰 책임을 지우자는 주장이 힘을 얻고 있습니다. 과연 현재 기후 위기에 가장 큰 책임이 있는 국가는 어디일까요? 김선진 씨와 이개도 씨의 의견을 들어 보겠습니다.

안녕하세요. 저는 미국과 유럽 같은 선진국이 지금의 기후 위기에 가장 큰 책임을 져야 한다고 봅니다. 온실가스 누적 배출량을 보면, 1750년부터 2020년까지 미국은 4,167억 톤으로 전 세계의 24.6%, 유럽연합은 17.1%, 중국은 13.9%를 차지합니다. 대륙별로는 유럽(31.3%)과 북아메리카(28.2%)가 전체의 59.5%를 누적 배출했죠. 약 300년간 산업화를 통해 이들이 대량의 온실가스를 배출하면서 현재의 기후 위기를 초래했다고 할 수 있습니다.

미국과 유럽의 누적 배출량이 많다는 건 인정합니다. 하지만 2020년 기준으로 보면 1위는 중국으로 106억 톤, 즉 전 세계 배출량의 31%를 차지하고 있습니다. 미국(13.5%), 유럽연합(7.5%), 인도(6.6%) 등이 뒤를 잇고, 이란, 사우디아라비아 같은 개발도상국도 배출량이 늘고 있습니다. 특히 중국과 인도는 '세계의 공장'이라는 표현답게 수백만 개 공장을 24시간 가동하며 온실가스를 대량 배출합니다. 현재 배출량을 보면 선진국은 줄어드는 반면 개발도상국은 늘어나고 있습니다. 그렇기에 이들 개발도상국도 기후 위기에 책임을 져야 합니다.

 중국과 인도의 배출량 증가를 인정하지만, 선진국 배출량이 줄었다는 주장은 반만 맞습니다. 감소로 보이는 이유는 기업의 온실가스 측정 방식 때문입니다. GHG 프로토콜에서 Scope 1(직접 배출), Scope 2(에너지 사용 간접 배출)는 측정되지만, Scope 3(공급망 간접 배출)은 의무가 아니어서 제외되곤 합니다. 미국과 유럽 대기업은 글로벌 공급망을 통해 막대한 배출을 유발하지만, 이를 제대로 보고하지 않아 그린워싱 논란이 있습니다. 이 시스템을 바꾸지 않으면 선진국의 책임 회피는 계속될 것입니다.

 선진국은 기술과 법 제도를 개발하며 기후 위기에 대응하고 있습니다. 하지만 이러한 노력에도 불구하고 기후

위기는 점점 심각해지고 있으며, 인류의 삶 전반에 걸쳐 심각한 영향을 미치고 있습니다. 이러한 위기가 전 세계적으로 발생한다면 그 피해는 누가 더 크게 입을까요. 바로 전 세계 인구의 85%가 거주하는 개발도상국의 국민에게로 돌아갈 것입니다. 경제 발전을 이루기 위해 여전히 개발도상국의 많은 인구가 도시로 이주하고 있습니다. 인구가 폭발적으로 집중된 개발도상국의 도시에서는 많은 에너지를 필요로 하고, 식량, 물, 토지와 같은 자원의 소비가 급증하고 있습니다. 1인당 평균적으로 연간 4.4톤의 이산화탄소를 배출한다고 하면, 인구가 집중된 이 지역의 절대 배출량은 엄청날 것입니다. 이상 기후로 피해가 커진다면 개발도상국이 더 큰 타격을 받을 것이고, 현재 급격하게 많은 온실가스를 배출하고 있는 만큼 이들도 책임 있는 행동을 해야 합니다.

말씀하신 대로 선진국은 산업화 시기에 축적한 자본을 바탕으로 기술 등에 재투자하고 법과 제도를 정비해 기

후 위기에 적극적으로 대처하고 있습니다. 그렇다면 자국민을 위해서만이 아니라, 기후 취약국 지원에도 힘을 써서 기후 위기로 인한 불평등을 해결해야 하지 않을까요? 기후 취약국은 피해를 복구하기 위한 경제적 도움과 여러 가지 기술적 지원이 절실합니다. 2009년 덴마크 코펜하겐에서 개최한 COP15에서 선진국은 연간 1,000억 달러 기후기금 조성을 약속했지만, 분담 합의는 여전히 미뤄지고 있습니다. 이 위기가 더 확대되기 전에 선진국이 누적 배출량에 걸맞은 책임을 이행해야 합니다.

그렇다면 선진국이 기후 취약 국가에 경제적·기술적 지원만 하면, 기후 위기가 해결될까요? 기후변화협약의 '공통의 그러나 차별화된 책임' 원칙은 모든 국가의 참여를 요구합니다. 미국, 영국, 프랑스, 캐나다 등 많은 선진국이 가까운 미래에 이산화탄소 배출량을 0으로 만들겠다는 '탄소중립' 목표를 발표했습니다. 이에 따라 기업들은 재생에너지를 활용하거나 신기술을 개발하는 등 저

마다의 방법을 제안하고 있습니다. 그렇다면 기술적·재
정적 능력이 부족한 개발도상국은 어떻게 기여해야 할
까요. 산림과 해양과 같은 탄소 흡수원을 보호하고, 재생
에너지 사용을 확대하고, 국민에게 적절한 교육을 제공
함으로써 탄소중립을 실천해야 합니다.

네, 긴 시간 함께해 주신 두 분께 감사드립니다. 두 분 마
무리 발언 해주시죠.

기후 위기로 인한 영향과 피해는 불평등하게 나타납니
다. 따라서 이러한 불평등을 바로잡으려면, 현재 기후 위
기의 주요 원인이라 할 수 있는 온실가스를 가장 많이 배
출한 국가가 책임을 져야 한다고 생각합니다. 미국과 일
부 유럽 국가들은 약 300년 동안 온실가스를 가장 많이
배출했기 때문에 이들이 큰 책임을 져야 합니다.

기후 위기는 앞으로 더 심화될 것으로 보입니다. 전문가

들은 앞으로의 행동과 실천이 중요하다고 하는데, 이를

위해서는 개발도상국의 역할도 매우 크다고 생각합니

다. 중국과 인도 같은 개발도상국도 모두 참여해야 지금

의 기후 위기로 인해 발생하는 피해를 줄일 수 있습니다.

1. 책의 내용을 보며 다음 빈칸을 채워 보자.

- (   )는 기후변화의 책임과 피해가 불일치하기 때문에 온실가스를 더 많이 배출한 주체가 더 큰 책임을 져야 한다고 보는 개념이다.

- (   )은 기후 위기로 생태 환경이 변해 살던 곳을 떠나야 하는 사람들을 뜻하며, 특히 해수면 상승으로 침수 위기에 처한 국가에서 많이 발생한다.

- 지구를 따뜻하게 유지하며 우리가 살기에 적당한 환경을 만들어 주던 기체를 (   )라고 불렀는데, 인간 활동으로 양이 늘어나면서 지구온난화를 일으키는 주범이 되었다. 대표적으로 이산화탄소와 메탄 등이 포함된다.

- (   )은 인간 활동으로 발생하는 온실가스 배출량을 줄이고 흡수량을 늘려 순 배출량을 '0'으로 만드는 목표를 가진다.

- 미국 생태학자 개릿 하딘이 1968년에 제시한 이론에 따르면, 개인이 공동 목장 같은 공유 자원을 이기적으로 사용하면 (   )이 발생해 모두가 손해를 본다.

2. 토론 내용을 보고 찬성과 반대 입장의 주장과 그 근거를 간단히 정리해 보자.

- 지금의 기후 위기 문제를 책임져야 할 주체는 선진국이다.

- 찬성

- 반대

3. 기후 위기 문제의 책임 주체에 대한 나의 생각을 정리해 보자.

* 나는 기후 위기 문제를 책임져야 할 주체는
  라고 생각한다.
  왜냐하면

3

기술 발전이 기후 위기를 해결할 수 있을까?

기술 발전이
기후 위기를 해결할 수 있다

기술 발전만으로
기후 위기를 해결하기 어렵다

오늘날 환경을 오염시키는 주범 중 하나로 꼽히는 비닐봉지가 원래는 환경 보호를 위해 만들어진 발명품이라는 사실을 아나요?

1959년 스웨덴의 공학자 스텐 구스타프 툴린은 당시 주로 사용되던 종이봉투를 만들려면 수많은 나무가 벌목되는 문제를 해결하고자 재사용이 가능하고 내구성이 강한 비닐봉지를 발명했습니다. 유럽을 중심으로 비닐봉지는 세계적으로 빠르게 퍼져나갔고, 우리 삶을 편리하게 만들어 주었습니다. 그렇지만 비닐봉지는 폐기 후 매립 시 분해되는 데 수십 년이 걸리며, 소각 시에는 다량의 이산화탄소가 배출되어 지구온난화를 가속합니다. 또한 바다로 흘러간 폐비닐봉지를 해양생물이 먹

이로 착각하여 섭취하면서 해양생태계에 심각한 부작용을 일으키고 있습니다.

환경오염 문제를 해결하고자 새로운 기술을 적용해 만들어 낸 비닐봉지가 시간이 지나면서 오히려 환경오염의 주요 원인 중 하나가 된 이 역설은 우리에게 여러 시사점을 던져 줍니다. 특히 오늘날 과학기술의 발전이 기후 위기를 막을 수 있다는 낙관론과 과학기술로도 기후 위기를 해결할 수 없다는 비관론이 대립하는 상황에 비추어 볼 때 더욱 의미심장합니다.

기술의 발전은 과연 우리 지구에 어떤 미래를 가져다줄까요?

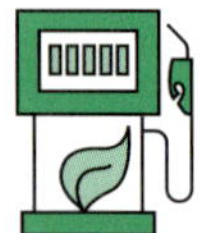

잡았다, 탄소! 기후테크

미국 테슬라의 전기차, 한국 풀무원의 지구 식단, 독일 프라이탁의 방수 천. 이들의 공통점은 무엇일까요? 전에 없던 새로운 발명품이자, 기후 위기 해결에 기여하는 기후테크 사례라는 점입니다.

21세기에 들어 일론 머스크를 세계적인 부자로 만들어 준 테슬라의 전기차는 내연기관차 대비 약 70% 적은 이산화탄소를 배출합니다. 한국의 식품기업 풀무원은 지구 식단을 통해 식물성 원료로 만든 대체육을 개발해 육식으로 인한 온실가스 배출을 줄이는 데 기여하고 있습니다. 독일의 패션 브랜드 프라이탁은 버려진 방수 천을 재활용해서 가방과 지갑을 제작하며 폐섬유로 인한 환경오염을 줄이는 제품을 선보입니다.

기후테크는 '기후Climate'와 '기술Technology'의 합성어로, 온실가스 감축과 기후변화 적응을 목표로 하는 혁신 기술을 뜻합니다. 전 세계적으로 탄소 감축 필요성이 커지면서 기후테크 시장은 급성장 중입니다. 2016년 66억 달러(약 9조 원)이던 투자 규모가 2021년 537억 달러(약 70조 원)로 늘어나며 그 잠재력을 보여 주고 있습니다. 우리나라에서는 기후테크를 크게 다섯 분야로 나눕니다. 산업기술에 태양광 같은 재생에너지를 접목하는 '클린테크Clean Tech', 공기 중의 이산화탄소를 포집하고 저장하는 '카본테크Carbon Tech', 친환경 제품 개발에 초점을 두는 '에코테크Eco Tech', 식품 분야에서 식물성 재료를 써서 탄소 배출을 줄이는 '푸드테크Food Tech', 기상정보를 활용해 기후변화를 관측하는 '지오테크Geo Tech'로 구분하지요.

몇 년 전 일론 머스크는 이산화탄소 포집 기술 개발을 위해

1억 달러를 기부하겠다고 발표했었는데요. 이미 전기차로 탄소 배출을 줄이고 있는 테슬라가 생산 공정에 이 기술을 적용한다면 기후테크의 긍정적 잠재력을 한층 더 입증할 수 있을 것입니다. 유례없는 기상이변과 기후 재난이 늘어나는 가운데, 기후테크는 암울한 미래를 희망으로 바꿀 해결책으로 주목받고 있습니다.

기후 위기와 디지털 전환

2008년에 개봉한 영화 <월-E>에는 텅 빈 지구에 홀로 남아 지구의 폐기물을 청소하는 인공지능AI, Artificial Intelligence 로봇이 등장합니다. 사람처럼 보고 듣고 움직이는 AI 로봇이 폐기물을 수거해 처리하는 영화 속 장면처럼 지금의 환경오염과 기후 위기 문제도 AI 로봇으로 일부 해결할 수 있지 않을까 하는 생각이 들곤 합니다. 몇 년 전 우리 삶에 혁신을 가져온 OpenAI의 대화형 인공지능 서비스 'ChatGPT'가 공개되면서 이런 가능성은 현실로 한 발 더 가까이 다가왔습니다. ChatGPT는 대규모 언어 데이터를 학습한 AI 챗봇으로, 간단한 질문부터 긴 설명이 필요한 복잡한 질문까지 막힘없이 답변을 제공하며 공공기관, 학계, 민간기업 등 다양한 분야에서 정보 검색, 자료 수집, 의사결정 지원에 활용되고 있습니다.

AI를 포함한 디지털 기술의 가장 큰 장점은 대량의 정보를 빠르게 분석해 시간을 절약하고, 이를 여러 분야에 적용할 수 있다는 것입니다. 이러한 기술은 기존 사회와 환경에 접목되어 새로운 시스템으로 재구성되는데, 이를 '디지털 전환'이라고 합니다. 국제에너지기구IEA는 디지털 전환이 탄소 감축의 핵심 열쇠가 될 것으로 전망합니다. 그 이유는 디지털 기술이 자원의 효율적 활용과 생산 방식의 혁신을 가능하게 하기 때문입니다. 전력망에 디지털 기술을 적용해 에너지의 수요와 공급을 실시간으로 예측하고 조절하는 스마트 그리드Smart Grid 시스템이 대표적인 사례입니다. 이를 통해 불필요한 전력 낭비를 줄이고 에너지 과소비를 방지할 수 있습니다.

또한 AI와 사물인터넷IoT 기술을 대학이나 회사 건물에 도입하면 에너지 소비를 실시간으로 모니터링하고 조정해 불필요한 사용을 줄일 수 있습니다. 공장에서는 제품 생산을 자동화해 자원 낭비와 재고 과잉을 효율적으로 관리할 가능성도 열립니다. AI가 생산량을 예측하고 IoT가 실시간으로 설비와 재고를 모니터링하면서 필요한 만큼만 생산하도록 조정하기 때문입니다. 일상생활에서도 재택근무나 원격근무를 가능하게 하는 디지털 기술이 확산되면 출퇴근으로 발생하는 탄소 배출을 크게 줄일 수 있습니다. IEA는 이런 디지털 전환이 삶 전반에 적용된다면 2030년까지 전 세계 탄소 배출량의 최대 15%를 감축할 수 있을 것으로 예측합니다. 이는 디지털 기술이 단순히 편의를 넘어 기후 위기 대응에 실질적인 기여를 할 수 있음을 보여 줍니다.

그러나 디지털 전환이 모든 문제를 해결하는 만능열쇠는 아닙니다. 탄소 감축에 기여하는 것은 분명하지만, 동시에 전력 소모와 탄소 배출을 증가시킨다는 지적도 존재합니다. 프랑스의 비영리 연구 단체 더 시프트 프로젝트The Shift Project는 데이터센터가 데이터를 저장하고 처리하면서 전 세계 온실가스의

2.5~3.7%를 배출한다고 밝혔습니다. 이는 항공업계(약 2.4%)보다 높은 수치로, 디지털 기술의 환경적 부담을 보여 줍니다. 따라서 디지털 전환과 에너지 전환은 자전거의 앞뒤 바퀴처럼 서로 긴밀히 연계되어야 합니다. 재생에너지 사용을 늘리고 데이터센터의 에너지 효율을 높이는 등의 노력이 병행되지 않는다면, 디지털 전환의 긍정적 효과는 반감될 수밖에 없습니다.

과학기술의 발전보다
한 그루의 나무 심기가 더 중요한 이유

21세기는 그 어느 때보다 과학기술이 눈부시게 발전한 시기입니다. 이에 따라 기후테크의 성장으로 정부, 기업, 학계가 협력하며 시너지를 창출할 가능성도 커지고 있습니다. 디지털 전환과 기후테크의 활용은 기후변화에 대응하는 수준을 넘어 탄소 중립 시대의 새로운 성장 동력으로 떠오르고 있죠. 하지만 과학기술이 기후 위기를 모두 해결해 줄 것이라는, 이른바 '기후 유토피아적' 낙관론에 빠져서는 안 됩니다.

우리가 기후 위기를 당면한 문제로 인식하지 않는 이유 중 하나는 과학기술의 발전이 미래의 문제를 해결해 줄 것이라는 믿음 때문일 수 있습니다. 그러나 아무리 뛰어난 과학기술이라도 그 논리를 현실에 적용하거나 실용화하는 데는 한계가 존재합니다. 많은 과학자 역시 과학기술만으로 기후 위기를 완전히 해결할 수 있다고 보지 않습니다. 과학기술은 물리적 법칙을 따를 뿐, 문제의 근원은 대개 기술 자체가 아니라 그것을 사용하는 인간에게서 비롯되기 때문입니다. 그러므로 '어떤' 과학기술을 개발하느냐보다 '누가', '어떻게' 그것을 활용하느냐가 더 중요합니다.

그렇다면 과학기술의 개발이나 활용과 거리가 먼 우리 같은 평범한 사람들은 어떻게 해야 할까요? 기후 위기를 해결하려면 디지털 전환도 필요하지만, 우리 삶 전반에 걸친 근본적인 인식과 행동의 변화가 그 무엇보다 중요합니다. 과학기술이 아무리 발전해도 그것을 사용하는 우리의 태도가 변하지 않는다면 최첨단 기술도 무용지물이 될 것입니다. 예를 들어, 재생에너지

또는 AI 기술이 보급되거나 대체육 상품이 다양하게 출시되더라도 기본적인 생활 습관이 변화하지 않으면 그 효과는 제한될 수밖에 없습니다. 결국 기후 위기에 대한 인식과 실천이 핵심이라면, 과학기술이 문제를 해결해 주길 기다리기보다는 일상에서 실천할 수 있는 작은 행동으로 변화를 유도해야 합니다. 일회용품 줄이기, 옷 한 벌 오래 입기, 한 그루의 나무 심기처럼 말이지요.

✅ **기후테크** '기후'와 '기술'이 합쳐진 말로, 탄소 배출을 줄이고 기후 위기를 해결하려는 모든 혁신적인 기술을 뜻한다. 전기차나 태양광 발전처럼 깨끗한 에너지를 만드는 기술부터 공장 굴뚝에서 나오는 이산화탄소를 잡아 땅속에 저장하는 방법까지 여기 포함된다.

✅ **CCUS** Carbon Capture, Utilization and Storage(이산화탄소 포집·활용·저장)의 약자로, 연료를 태우거나 공장을 가동할 때 나오는 이산화탄소를 포집해서 저장하거나 다른 용도로 바꿔 활용하는 기술을 말한다. 이산화탄소 처리 방식에 따라 'CCS(저장)'와 'CCU(활용)'로 나뉘는데, CCS는 땅속 깊이 묻어서 대기 중 탄소를 줄이고, CCU는 탄소를 플라스틱이나 연료로 만들어 재사용하는 것을 뜻한다. IEA에 따르면, CCUS에는 2050년까지 연간 10억 톤 이상의 이산화탄소를 줄일 수 있는 잠재력이 있다.

✅ **스마트그리드** 기존 전력망에 정보통신기술ICT을 더해 전기 생산과 소비 정보를 실시간으로 주고받는 똑똑한 시스템이다. 이 기술을 활용하면 에너지를 훨씬 효율적으로 쓰고, 태양광이나 풍력 같은 신재생에너지도 쉽게 섞어 쓸 수 있기 때문에 탄소중립에 한 발짝 다가갈 수 있다. 실시간으로 전기를 감시하고 자동으로 조절하는 기능이 있어 에너지 낭비를 줄이고, 전력망을 안정적으로 지켜 준다.

✅ **태양광 발전**　태양 빛을 이용해 전기를 만드는 기술로, 지붕이나 들판에 설치된 패널이 햇빛을 에너지로 바꿔 준다. 화석연료를 태우지 않으니 이산화탄소 배출이 거의 없어서 공기가 깨끗하게 유지된다. 국제재생에너지기구IRENA에 따르면, 2023년 전 세계 태양광 발전량은 약 1,000GW(기가와트)를 넘었으며, 이는 수억 톤의 탄소 배출을 막은 것과 다름없다.

✅ **전기차**　전기차는 기름 대신 배터리로 움직이는 자동차로, 테슬라의 차량이 대표적이다. 엔진에서 매연이 나오지 않아 도시의 공기 오염을 줄일 수 있다. 국제청정교통위원회ICCT에 따르면 일반 차보다 온실가스를 약 50% 덜 배출한다.

"기술 발전이
기후 위기를 해결할 수 있다"

1. 매년 새로운 기술이
등장하고 있다

기후 위기가 오늘날 인류가 직면한 심각한 문제 중 하나로 인식되면서, 전 세계적으로 이를 해결하려는 움직임이 활발해지고 있습니다. 기후 위기에 대응하기 위한 연구가 바쁘게 이어지고 있고, 그 결과 기후테크 시장이 빠르게 떠오르고 있지요. 기후테크는 기후 위기를 해결하려는 모든 혁신기술을 뜻하는데, 최신 기술이 한데 모인 분야라고 할 수 있습니다.

가장 눈에 띄는 기후테크 사례로는 전기차와 수소차 같은 친환경 교통수단이 있습니다. 미국의 일론 머스크는 테슬라를 창업해 큰 성공을 거뒀는데, 테슬라의 대표 상품이 바로 전기차입니다. 테슬라는 '지속가능한 환경'을 내세워 전기차를 세계적으로 알렸고, 2022년에는 137만 대를, 2023년에는 184만 대를 생산하며 어떤 자동차 회사보다 빠르게 성장했습니다. 중국은 수소차를 미래 교통수단으로 삼아 수소 버스와 트럭을 적극적으로 도입하고 있습니다. 내연기관차와 달리 이산화탄소 배출이 적은 이 교통수단들은 기후 위기 해결에 중요한 열쇠가 될 것입니다.

교통수단 외에도 재생에너지 기술, 대기 중 이산화탄소를 포집해 저장하는 기술, 폐기물을 재활용해 새 상품으로 만드는 기술, 육식을 대신할 채식 제품을 만드는 기술 등이 기후테크에 포함됩니다. 전 세계적으로 기후테크 시장에 투자되는 투자금의 규모는 점점 커지는 추세입니다. 이런 추세라면 기후 위기를 해결할 새로운 기술이 매년 새롭게 등장할 가능성이 높습니다.

과학기술이 이렇게 빠르게 발전한다면, 가까운 미래에는 영화 속 아이언맨 같은 로봇이 등장해 지구의 기후 문제를 해결해 줄지도 모릅니다.

2. 디지털 기술의 발달은
에너지와 자원 낭비를 줄여 탄소 배출을 감소시킨다

철강, 석유화학, 자동차 등의 산업계는 그 어떤 분야보다 온실가스를 많이 배출합니다. 하지만 이들은 기업의 이익을 유지하기 위해 기후 위기에 대응하는 데 소극적인 태도를 보입니다. 기후 위기 대응에는 많은 자본과 노력이 필요하기 때문이지요. 이러한 산업계에 디지털 전환이 적용되면, 기후 위기에 맞서는 데 실질적인 도움이 될 수 있습니다.

예를 들어, 철강 산업에서 디지털 기술을 활용하면 생산 공정에서 에너지 사용량을 줄일 수 있고, 탄소 배출량을 최대 20%까지 감소시킬 수 있다는 연구 결과도 있습니다. 또한 IEA는 디지털 기술이 산업 전반에 적용된다면 2030년까지 전 세계 탄소 배출량의 약 10~15%를 줄일 수 있을 것으로 전망한 바 있습니다. 디지털 기술이 제조 공정 최적화, 에너지 효율성 향상, 재생에너지 확대 등에 기여하기 때문입니다. 이러한 이유로 많은 전문가가 디지털 기술이 산업을 넘어 모든 분야로 확장되면 탄소 감축에 큰 효과를 가져올 것으로 보고 있습니다.

영화 <아이언맨>에서 토니 스타크를 영웅으로 만든 일등 공신은 인공지능 비서 자비스입니다. 자비스는 초거대 인공지능으로 단기간에 문제의 원인을 파악하고 해결 방법을 알려 줍니다. 또한 시간이 오래 걸리는 계산 문제도 순식간에 풀어내 많은 정보를 제공합니다. 이런 인공지능을 기반으로 한 디지털 전환이 산업에 적용되면 제품 생산과 유통 과정을 최적화하고, 기계 설계와 성능 테스트도 단기간에 끝낼 수 있습니다. 심지어 사람이 미처 생각하지 못했던 새로운 기술이나 정책을 제안할 수도 있습니다. 불필요하게 낭비되는 에너지와 자원을 줄여 탄소 배출을 감소시킨다면, 디지털 전환은 산업계가 유발하는 기후 위기를 해결하는 데 중요한 역할을 할 것입니다.

기후 위기 해결을 위한 신기술은 선진국보다 개발도상국과 저개발국에서 더 큰 효과를 발휘할 가능성이 있습니다. 이는 개발도상국과 저개발국이 기후변화에 더 취약한 지역에 위치하고 있으며, 기후변화로 인한 피해가 경제와 생계에 직접적인 영향을 미치기 때문입니다. 따라서 과학기술을 적극적으로 도입해 이상기상 현상으로 인한 피해를 미리 막아야 합니다.

아프리카의 많은 국가는 가뭄으로 인한 기후 위기의 피해를 겪고 있습니다. 식수가 부족해 오염된 물을 마시기도 하고, 농사와 목축에 필요한 물이 없어 농사를 제대로 짓지 못하거나 가축이 죽는 일이 빈번합니다. 게다가 물을 구하러 먼 거리를 이동해야 해서 하루의 많은 시간을 길에서 보내고 있습니다. 이런 문제를 해결하려면 물을 효율적으로 모으고 잘 활용할 수 있는 과학기술이 필요합니다. 대표적으로 태양광 에너지를 활용한 지속가능한 물 펌프 시설이 있습니다. 낮에 햇빛이 풍부한 아프리카에서는 태양광 패널로 지하수를 언제든 끌어올려 사용할 수 있습니다. 실제로 케냐의 농부들이 태양광 펌프를 통해 물을 확보하면서 농업 생산량을 300%까지 늘렸다는 보고가 있습니다. 또한 적은 물로도 농사를 지을 수 있는 새로운 농업 기술이 절실합니다. 오랜 가뭄으로 메마른 땅에서 적은 물로도 씨앗이 자랄 수 있도록 해주는 '씨앗볼' 기술을 예로 들 수 있습니다. 물을 잘 흡수하는 숯가루와 영양 비료를 섞어 씨앗볼을 만들면, 고온건조한 기후에서도 씨앗을 보호하고, 새나 곤충으로부터의 피해를 방지할 수 있습니다. 이 새로운 기술은 가격도 저렴하고 효과적이어서 이미 몇몇 아프리카 국가에서 유용하게 사용되고 있습니다.

이처럼 선진국에서 개발된 혁신적인 신기술이 개발도상국과 최빈국에 적용되는 사례가 늘어난다면 세계의 양극화 문제 해결에 많은 도움이 될 것입니다.

"기술의 발전만으로
기후 위기를 해결하기 어렵다"

1. 여러 가지 한계를 마주한
현대 과학기술

이산화탄소 제거나 태양 복사열 관리를 다루는 공학을 지구공학(또는 기후공학)이라고 합니다. 이는 기후 위기에 대한 잠재적 해결책으로 주목받고 있으며, 특히 개인이나 한 국가가 독자적으로 시행할 수 있다는 점에서 관심을 끌고 있습니다. 하지만 이런 특성을 지구공학의 한계로 인식하는 과학자도 있습니다.

지구공학은 탄소 감축 정책과 달리 아직 국제사회 전반에 걸쳐 통합된 시스템을 마련하지 못했습니다. 즉 특정 국가가 지구공학적 해결책을 수행하기로 해도 이를 조절하고 통제할 수 있는 상위 권력 집단이 없다는 의미입니다. 따라서 과학기술을 안전하게 사용하기 위해서는 먼저 전 세계적으로 통용되는 체계적인 법 제도를 마련하고 시스템을 구축해야 합니다.

그렇다면 탄소 감축을 위한 기술 자체에는 한계가 없을까요? 대표적인 탄소 감축 기술이자 기후테크의 핵심인 CCUS 기술에 대해서도 다양한 의견이 나오고 있습니다. CCUS는 공기 중 이산화탄소를 포집해 땅속이나 바다 아래에 저장하거나, 포집한 탄소를 유전에 주입해 원유 생산을 늘리는 방식으로 잠재력을 인정받고 있습니다. 그렇지만 정책적 지원과 기술에 대한 관심이 늘어나면서 인프라 개발이 진행되고 있음에도 불구하고, CCUS 기술은 아직 초기 단계에 머물러 있습니다. 엄청난 양의 이산화탄소를 지하나 해저에 저장했을 때 지반이 약하면 지진이 발생할 수 있고, 이로 인해 저장된 가스가 새어 나와 폭발이나 화재로 이어질 가능성이 있기 때문입니다. 기술적으로 아직 갈 길이 먼 것이지요. 실제로 알제리에서는 지하 탄소 저장소의 압력 증가로 균열 위험이 확인되어 2011년에 가동이 중단된 사례가 있습니다. 또한 미국에서는 2021년에 미시시피주에서 파이프라인이 파손되며 이산화탄소가 유출되어 200명 이상이 대피하고 45명이 부상을 입은 사고가 일어났습니다. CCUS는 기후 위기를 해결할 최신 기술로 주목받고 있지만, 이러한 한계가 존재하기 때문에 기술 발전과 함께 안전성 확보가 필수적입니다.

2. 기후 기술은
막대한 경제적·기술적 지원이 필요하다

기술 혁신은 우리 삶을 편리하게 만듭니다. 특히 과학기술의 발달로 기상 관측이 쉬워져 기후 위험 요인을 예측할 수 있게 되었고, 관측된 기상 빅데이터를 활용해 미래의 자연재해를 미리 알아낼 수도 있습니다. 하지만 더 정확한 관측을 위해서는 정밀한 과학기술이 필요하고, 최신 기술을 도입하고 활용하려면 막대한 비용이 필요합니다. 또 수집된 데이터를 저장하고 분석하려면 경제적·기술적 지원이 필수적입니다.

지구공학은 기후 위기를 해결하려는 최신 기술 중 하나로, 지구의 기후를 공학적으로 연구하며 기후변화에 대응하는 방법을 찾습니다. 예를 들어, 화학물질로 인공 구름을 만들어 비를 내리게 하거나, 식물성 플랑크톤을 인공적으로 늘려 대기 중 이산화탄소를 흡수하게 하거나, 성층권에 이산화황 에어로졸을 뿌려 햇빛을 지구 밖으로 반사하는 기술 등이 있습니다. 스위스 취리히 연방공대는 매년 500만 톤의 다이아몬드 미세 입자를 성층권에 뿌리면 지구 온도를 약 1.6도 낮출 수 있다는 시뮬레이션 결과를 발표했습니다. 에어로졸 형태의 다이아몬드가 햇빛을 반사하는 역할을 하기 때문입니다. 하지만 분석에 따르면 이 연구를 실행하기 위해서는 약 175조 달러(25경)의 경비가 필요하다고 합니다.

기후테크 시장도 주목받는 최신 과학기술 분야입니다. IEA에 따르면, 2021년 기후테크 시장에 약 537억 달러(약 70조 원)가 투자되었습니다. 하지만 이 투자는 주로 선진국과 글로벌 기업

중심으로 이루어져 개발도상국이나 저개발국에 혜택이 닿으려면 시간이 더 걸릴 것으로 보입니다. 경제적·기술적 여건이 부족한 국가들에게 이런 기술 혁신은 그림의 떡일 가능성이 크고, 결국 과학기술의 진보와는 관계없이 기후 위기의 피해를 고스란히 떠안게 될 수도 있습니다.

3. 기후 위기 해결의 본질은 기술의 발전이 아니다

기후 위기는 전문가들이 우려하는 주요 미래 이슈 중 하나입니다. 그러나 대중은 여전히 이를 먼 미래의 문제로 여기며 실질적인 위협으로 느끼지 못하는 경우가 많습니다. 과학기술이 현재와 미래의 기후 위기를 해결해 줄 것이라는 낙관적인 믿음 때문입니다. 물론 기술 혁신은 신재생에너지 확대, 폐기물 재활용, 대체육 개발, CCUS 등 다양한 분야에서 성과를 내왔습니다.

하지만 기후 위기 해결의 희망을 기술 혁신에만 맡기는 것은 현명하지 않습니다. 기술의 진보가 또 다른 환경 오염을 유발하기 때문입니다. 예를 들어, 이산화탄소 배출을 줄이기 위해 전기차를 개발했지만, 전기차 배터리 생산에 필요한 리튬을 칠레에서 수입하면서 리튬이 생산되는 칠레 아타카마 사막 지역은 수자원 고갈과 토양 오염이 발생하고 있습니다. 친환경 기술 도입이 의도치 않게 또 다른 환경 파괴를 초래한 것입니다. 이는 종이봉투의 낭비를 줄이려 발명된 비닐봉지가 이제 환경오염의 주범이 된 사례와 비슷합니다.

결국 모든 문제는 인간의 활동에서 비롯되며, 해결 역시 인간의 손에 달려 있습니다. 근본적인 행동 변화 없이는 지금의 위기를 극복하기 어렵습니다. 기후 위기에 실질적으로 대응하려면 인류 활동의 전반, 즉 정치, 사회, 경제, 문화에서 대대적인 전환이 있어야 합니다. 예를 들어, 탄소 배출을 줄이기 위한 탄소가격제를 도입하고, 불필요한 소비와 과도한 육식 섭취를 줄이는 건강한 시민 문화를 만들어 가야 합니다. 동시에 기술을 어떻게 사용할지에 대한 신중한 고민도 필요합니다. 지금 우리에게 가장 필요한 것은 신기술이 아니라, 다소 불편하더라도 적게 소비하고 적게 소유하려는 인식의 전환 아닐까요.

안녕하십니까. 오늘 '기후변화' 토론반에서는 '기술 발전이 기후 위기를 해결할 수 있을까?'를 주제로 이야기를 나눠 보겠습니다. 지난 1세기 동안 우리는 과거와 비교할 수 없는 과학기술의 진보를 이뤘습니다. 이에 '기후테크'라는 신개념도 등장하며 탄소중립 시대의 새로운 동력으로 주목받고 있습니다. 하지만 기술의 한계와 더불어 막대한 자본이 필요하다는 사실을 지적하며 그 가능성에 의문을 제기하는 목소리도 있습니다. 그렇다면 과학기술의 발전은 기후 위기에 어떤 영향을 미치게 될까요? 오늘 참석해 주신 김기술 씨와 이위기 씨의 토론을 들어 보겠습니다.

안녕하세요. 저는 기술 발전이 기후 위기를 해결할 수 있다고 봅니다. 기후 위기가 인류에게 큰 위협이라는 점은 분명합니다. 그래서 과학기술 분야에서 다양한 해결책이 연구되고 있습니다. 기후테크라는 용어처럼 온실가스 감축과 기후 적응을 위한 혁신 기술에 많은 투자와 노력이 쏟아지고 있습니다. 테슬라의 전기차는 대표적인 기후테크 사례입니다. 전기차 외에도 수소차처럼 이산화탄소 배출이 거의 없는 친환경 교통수단이 등장하고 있습니다. 또 대기 중 이산화탄소를 포집·활용·저장하는 기술이나 대체육 기술도 개발되어 기후 위기 해결에 기여하고 있습니다. 투자도 매년 늘어나고 있으니, 새로운 기술의 등장과 기후 위기 해결은 시간문제라고 생각합니다.

김기술 님 말씀처럼 과학기술은 과거보다 크게 발전했고, '기후테크'가 기후 위기 해결의 열쇠로 보일 수도 있습니다. 하지만 과학계에는 이 기술의 상용화 가능성에 여전히 회의적인 시각이 많습니다. 특히 지구공학은 이론적 토대는 마련됐지만, 이를 뒷받침할 법 제도가 부족합니다. 기후와 생태계에 큰 영향을 미칠 수 있는 기술인 만큼, 안전한 사용과 규제를 위한 제도가 필수적입니다. 준비 없이 사용했다가는 또 다른 위기를 초래할 수도 있습니다. CCUS 기술도 아직 상용화된 사례가 없어 불확실성이 큽니다.

기술의 한계가 있다는 점은 인정합니다. 아직 발전 초기 단계라 시행착오는 불가피합니다. 하지만 기술의 잠재력 자체를 부정하기는 어렵습니다. 특히 디지털 기술은 산업 전환의 핵심 요소입니다. 우리나라처럼 제조업 비중이 높은 곳에서는 산업 공정을 디지털화해 탄소 배출을 줄여야 합니다. IEA에 따르면, 디지털 전환은 자원 효

율성을 높이고 생산 방식을 혁신해 탄소 감축에 효과적
이라고 합니다. 디지털 전환의 대표적 사례인 스마트그
리드 기술을 활용하면 에너지 수요를 실시간 예측해 낭
비를 줄이고, 공장 자동화로 자원을 효율적으로 관리할
수 있습니다. 이런 변화가 확산되면 2030년까지 세계
탄소 배출량의 15%를 줄일 수 있다고 봅니다.

산업에 신기술을 적용하면 온실가스 감축에 기여할 수
있다는 점은 동의합니다. 하지만 기술 발전이 기후 위기
의 근본적인 해결책이라는 주장에는 동의하기 어렵습니
다. 기상관측 기술이 발전했어도 매년 부정확한 예보로
피해가 발생합니다. 이를 개선하려면 더 정밀한 데이터
와 고가의 슈퍼컴퓨터가 필요합니다. 결국 막대한 자본
이 전제돼야 합니다. 선진국은 가능할지 몰라도, 재원이
부족한 개발도상국과 최빈국은 기술의 혜택을 누리지
못하고 여전히 큰 피해를 떠안고 있습니다. 기술 혁신보
다 공평한 기술의 분배와 이를 위한 경제적 지원이 더 우

선되어야 한다고 생각합니다.

기술력의 양극화 문제는 공감합니다. 하지만 오히려 그래서 기술 발전이 더 중요하다고 봅니다. 선진국에서 개발된 기술이 개발도상국에 전수되면 기후 위기와 양극화를 동시에 해결할 수 있습니다. 가뭄에 시달리는 아프리카 국가에는 물 저장 기술이나 적은 물로 농업을 지속할 수 있는 새로운 농업 기술이 전수되고 있습니다. 농업뿐 아니라 보건, 정보통신, 에너지 등의 분야에 기후 대응 기술이 적용되면 개발도상국에 큰 도움이 될 겁니다.

김기술 님의 말씀에도 일리가 있습니다. 기술이 공평하게 적용된다면 기후 위기를 둘러싼 양극화는 줄어들 수 있을 것입니다. 하지만 기후 위기 해결의 본질은 기술 발전이 아니라고 봅니다. 기술 혁신은 여러 환경 문제를 해결해 왔지만, 동시에 새로운 환경오염을 낳았습니다. 비닐봉투는 나무 벌목을 줄이려 개발됐지만 지금은 오염의 주범이 되고 있습니다. 전기차의 개발은 리튬 채굴의 증가로 이어져 토양과 수자원을 오염시키고 있습니다. 인간의 행동이 기후 위기를 만들었고, 기술은 또 다른 문제를 낳고 있습니다. 「변화해야 하는 것은 기후가 아니라 우리의 마음Changing minds, not the climate」이라는 유네스코 발간 기후변화 보고서의 제목이 말하듯, 기후 위기를 해결하려면 행동과 생각의 전환이 먼저 필요합니다.

네, 긴 시간 함께해 주신 두 분께 감사드립니다. 두 분 마무리 발언 부탁드립니다.

현대 인류는 놀라운 과학기술의 발전을 이뤄 냈습니다. 현대 과학기술은 이제 막 시작 단계일 뿐, 앞으로 어떤 새로운 과학기술이 등장할지는 아무도 예측할 수 없습니다. 새로운 기술을 향한 끊임없는 연구와 개발, 이를 안전하게 뒷받침해 줄 법 제도의 마련 그리고 이를 지속 가능하게 사용할 인간의 지혜로움이 더해진다면, 기술의 발전은 기후 위기 해결에 큰 힘이 될 것입니다.

 현대 과학기술의 한계는 여전히 존재하며, 과학기술에 너무 의존하면 오히려 기후 위기를 가속화하는 부작용을 낳을 수 있습니다. 기술에만 의존하기보다 사회적 변화를 우선해야 합니다. 개개인의 행동 전환이 기후 위기 해결의 출발점이라고 생각합니다.

1. 책의 내용을 보며 다음 빈칸을 채워 보자.

- (   )는 '기후'와 '기술'이 합쳐진 말로, 탄소 배출을 줄이고 기후 위기를 해결하려는 혁신적인 기술을 뜻한다.

- (   )는 이산화탄소를 포집해 저장하거나 활용하는 기술로, IEA는 2050년까지 연간 10억 톤 이상의 탄소를 줄일 잠재력이 이 기술에 있다고 평가한다.

- (   )는 기존 전력망에 정보통신기술을 더해 전기 생산과 소비를 실시간으로 관리하며, 태양광 같은 신재생에너지를 쉽게 통합해 탄소중립에 기여한다.

- (   )은 햇빛을 전기로 바꾸는 기술로, 2023년 전 세계 발전량이 1,000GW를 넘었으며, 이는 수억 톤의 탄소 배출량을 줄인 효과를 낸다.

2. 토론 내용을 보고 찬성과 반대 입장의 주장과 그 근거를 간단히 정리해 보자.

- 기술 발전이 기후 위기를 해결할 수 있을까?

- 찬성

- 반대

3. 기술 발전과 기후 위기 해결에 대한 나의 생각을 정리해 보자.

- 나는 기술 발전이 기후 위기 해결에
  라고 생각한다.
  왜냐하면

4

환경을 위해
경제성장을 억제해
폐기물을 줄여야 할까?

경제성장을 억제해
폐기물을 줄여야 한다

경제성장을 억제해
폐기물을 줄일 필요는 없다

서울에 사는 직장인 A씨의 하루는 아침 7시에 시작됩니다. 샤워를 마치고 옷을 갈아입은 뒤 집을 나섭니다. 8시 30분에 커피숍에 들러 테이크아웃 커피를 사서 회사로 향합니다. 12시에는 동료들과 근처에 새로 생긴 식당에서 배달 음식을 주문해 점심을 먹습니다. 오후에는 부서 회의에서 발표할 자료를 출력해 회의를 진행합니다. 퇴근길에 할인 간판을 내건 상점에서 주말에 입을 티셔츠와 바지를 구매합니다. 요리하기가 귀찮아진 A씨는 편의점에서 포장 도시락과 샐러드를 사서 집에서 저녁을 해결합니다. 이후 침대에 누워 인터넷 쇼핑몰에 접속해 생수, 샴푸, 주방 세제 그리고 회사에서 사용할 텀

블러를 주문하며 하루를 마무리합니다.

A씨의 하루는 평범해 보입니다. 하지만 이 하루 동안 얼마나 많은 플라스틱 일회용품이 사용되고 폐기물이 발생했는지 눈치챘나요? 치약 튜브, 샴푸 용기, 샤워타월, 커피숍의 플라스틱 컵과 뚜껑, 포장 음식을 담은 다양한 플라스틱 용기와 비닐봉지, 의류에 쓰인 합성섬유, 플라스틱 생수병, 텀블러 배송에 포함된 스티로폼 포장재까지, 현대인은 단 하루도 플라스틱 없이 살기 어렵습니다. 플라스틱은 우리의 삶을 편리하게 바꿨지만, 지금 지구는 곳곳에 쌓인 폐기물로 몸살을 앓고 있습니다.

플라스틱 폐기물로 뒤덮인 지구

과거에는 나무, 금속, 돌 같은 자연 소재를 주로 사용했다면, 20세기 중반 플라스틱이 발명되면서 인류의 삶은 크게 바뀌었습니다. 당시 '최고의 발명품'으로 칭송받던 플라스틱은 포장재, 건축 자재, 자동차 부품, 전자제품 등 일상의 거의 모든 영역에서 기존의 자연자원을 대체했습니다. 우리는 '플라스틱 시대'를 살고 있다고 해도 과언이 아니며, 이제 플라스틱 없는 삶은 상상하기 어려울 정도입니다.

UNEP에 따르면, 2024년 인류는 5억 톤 이상의 플라스틱을 소비했고, 이 중 약 4억 톤이 폐기물로 발생한 것으로 추정됩니다. 문제는 이 폐기물의 단 9%만 재활용되고, 나머지는 일반 쓰레기로 처리된다는 점입니다. 1950년대 이후 생산된 플라스틱 총량이 약 90억 톤으로 추정되는데, 9%만 재활용되었다면 나머지 약 80억 톤이 넘는 플라스틱은 어디로 갔을까요? 지난 70여 년간 강, 바다, 토양으로 유출되며 안타깝게도 지구 곳곳에 거대한 쓰레기 산을 만들어 내고 있습니다.

태평양 한가운데에는 '거대 쓰레기 지대Great Pacific Garbage Patch'라고 불리는 플라스틱 폐기물 집적지가 있습니다. 면적은 약 160만Km²(대한민국 면적의 열여섯 배)로 추정되며, 대부분 미세플라스틱으로 구성돼 있습니다. 이는 해양 오염을 일으킬 뿐 아니라, 플라스틱을 먹이로 착각해 섭취하는 해양생물에게 심각한 피해를 줍니다. 플라스틱에 포함된 화학물질은 물고기를 주식으로 하는 인간에게도 영향을 미칠 가능성이 큽니다.

아프리카 우간다 수도 캄팔라 근처 키티지 매립장은 수십 년 간 쓰레기가 쌓여 거대한 쓰레기 산을 만들었습니다. 그리고

2024년 8월 폭우로 이 쓰레기 산이 붕괴하면서 최소 34명이 사망하고 40명 이상이 실종되는 참사가 발생했습니다. 이 사건은 아프리카에서 흔히 볼 수 있는 열악한 폐기물 관리의 현실을 보여 줍니다.

아프리카 대륙은 빠른 인구 증가와 도시화로 폐기물이 급증하고 있지만, 이를 처리할 인프라가 부족해 개방형 매립지나 쓰레기 산에 의존하는 경우가 많습니다. 세계은행에 따르면, 사하라 이남 아프리카에서 발생하는 고형 폐기물의 69%가 규제되지 않은 매립지에서 처리되어 폭우나 홍수 같은 자연재해 발생 시 속수무책 피해로 이어지고 있습니다. 게다가 키티지 붕괴 사고 이후 쓰레기가 강으로 떠내려가면서 주변 주민과 가축이 오염된 물을 사용하는 2차 피해에 노출되었습니다.

플라스틱은 인간에게 편리함을 제공했지만, 이제 야생동물의 분변, 깊은 바다, 높은 산, 심지어 북극 공기에서도 발견됩니다. 분해에 수백 년이 걸리는 플라스틱 폐기물은 지구를 뒤덮으며 해결 불가능한 문제로 자리 잡았습니다. 만약 외계인이 우주에서 지구를 본다면, 이 파란 행성의 주인이 플라스틱이라고 착각할지도 모릅니다.

리사이클링? 업사이클링!
진화하는 폐기물 처리 산업

여러분은 집에서 쓰레기를 어떻게 처리하나요? 대부분 플라스틱, 병, 캔, 종이, 비닐로 분리해 배출할 것입니다. 이렇게 분리된 쓰레기는 재료별로 재활용되며, 이는 폐기물을 줄이는 효과적인 방법 중 하나입니다. 예를 들어, 사용한 우유 팩을 분리 배출하면 공장에서 이를 재가공해 두루마리 휴지나 미용 티슈로 만듭니다. 이외에도 페트병은 옷 섬유로, 음식물쓰레기는 사료나 퇴비로, 일반 플라스틱은 생활용품 재료로 재활용됩니다. 기존 폐기물을 활용하면 자원 고갈을 방지하고 환경오염 문제를 줄이는 큰 장점이 있습니다.

하지만 전 세계 플라스틱 폐기물 재활용률은 약 9%에 불과하며, 나머지 90% 이상은 매립되거나 자연에 방치됩니다. 이런 문제를 해결하기 위해 '새활용'이라는 개념이 등장했습니다.

새활용은 영어로 '업사이클링upcycling'이라 하며, '업그레이드 upgrade'와 '리사이클링recycling'의 합성어입니다. 이는 버려진 물건에 창의적인 아이디어나 디자인을 더해 새로운 가치를 창출하는 것을 뜻합니다. 예를 들어, 폐현수막으로 가방이나 지갑을 만들고, 폐금속을 가공해 전등 같은 인테리어 소품으로 재탄생시키는 방식입니다.

대표적인 새활용 브랜드로는 '프라이탁'과 '파타고니아'가 있습니다. 프라이탁은 폐방수천으로 가방과 액세서리를 제작하며 유명해졌습니다. 친환경적이면서 모든 제품이 단 하나뿐인 독특한 디자인이라는 점에서 소비자들의 큰 관심을 받고 있습니다. 파타고니아는 폐페트병으로 만든 플리스 재킷을 판매하며 플라스틱 쓰레기 감소에 기여합니다. 또한 플리스 재킷 판매 수익금 일부를 환경 보호 활동에 기부하며 사회적 책임을 다하고 있습니다.

새활용 외에도 전 세계적으로 쓰레기 발생을 줄이고 폐기물 처리를 효율화하기 위한 정책이 도입되고 있습니다. 포장재의 플라스틱 완충재를 종이 완충재로 대체하거나, 리필 스테이션을 설치하는 것을 예로 들 수 있습니다. 리필 스테이션은 기존용기에 주방 세제와 샴푸를 리필해 담아갈 수 있는 장치입니다. 이처럼 플라스틱 사용을 줄이는 사례가 늘고 있습니다. 자원 감소와 폐기물로 인한 환경문제가 심각해지면서, 폐기물을 줄이거나 새롭게 활용하기 위한 정책과 기술이 매년 개발되고 있습니다.

먹고사는 문제에 가로막히는
플라스틱 생산과 감축

플라스틱 생산을 줄여 환경을 보호해야 한다는 데는 많은 이가 공감하지만, 실천은 늘 먹고사는 문제에 부딪힙니다. 이는 개발도상국만의 이기적인 선택이 아니라, 선진국을 포함한 전 세계가 직면한 딜레마입니다. 특히 우리나라는 플라스틱 폐기물 배출량이 OECD 국가 중 상위권임에도 불구하고 복잡한 경제적

이해관계 때문에, 플라스틱 배출 감축 목표와 관련하여 명확한 태도를 보이지 않고 있습니다.

이 딜레마가 극명하게 드러난 사건이 최근 있었습니다. 바로 2024년 11월 25일부터 12월 1일까지 부산에서 열린 유엔플라스틱협약 회의INC-5에서 있었던 일입니다. 폐플라스틱으로 인한 환경오염이 날로 심각해지자, 유엔은 2022년 유엔환경총회UNEA에서 플라스틱 오염을 줄이기 위한 협의체를 출범시켰습니다. 이 협약의 목표는 플라스틱 생산과 소비를 줄이고 재활용을 확대해 지구를 보호하는 데 있으며, 2024년 부산 회의에서 법적 구속력이 있는 협약을 최종적으로 마련하려 했지요. 그런데 일부 국가에서 플라스틱 감축이 자국 산업과 경제에 미칠 영향을 우려하며 반대했습니다. 사우디아라비아와 같은 석유 생산국은 플라스틱 생산 규제가 경제에 타격을 줄 것이라 주장했고, 우리나라도 플라스틱 제조업과 폐기물 관리의 현실적 어려움을 이유로 적극적인 감축에 머뭇거리는 모습을 보였습니다. 결국 부산 회의에서는 합의에 이르지 못하고 2025년으로 협상을 연기했습니다.

우리 공동의 미래를 위한
'지속가능한 발전'

'지속가능한 발전Sustainable Development'은 환경 보호와 경제성장을 조화롭게 이루며 현세대와 미래 세대가 공평하게 살아갈 수 있는 사회를 만드는 개념입니다. 이는 가상 세계의 이상이 아니라, 우리 일상 곳곳에서 실천 가능한 목표로 자리 잡고 있습니다. 일본 요코하마시의 사례는 이를 잘 보여줍니다. 요코하마시는 도시 내 지하철역 물품보관소와 지역 빵집을 연계해 도시에서 발생하는 음식물쓰레기를 줄이는 독창적인 방안을 마련했습니다. 빵집에서 만든 제품을 물품보관소에 진열해 지하철 이용자들이 쉽게 구매할 수 있게 함으로써 매일 버려지는 빵을 줄이고, 지역 상권 활성화까지 이끌었습니다. 이는 경제 발전과 환경 보전을 동시에 실현한 지속가능한 발전의 대표적인 사례로, 시민과 지역 기업의 협력이 만들어 낸 성과입니다.

'지속가능한 발전'이라는 용어는 1987년 세계환경개발위원회WCED가 발표한 보고서 「우리 공동의 미래Our Common Future」

에 처음 공식적으로 등장했습니다. 보고서에서는 이를 "미래 세대의 필요를 충족할 능력을 해치지 않으면서 현세대의 필요를 충족하는 발전"으로 정의하며, 환경과 경제의 균형을 강조했습니다. 20세기 후반 이래로 이 개념은 전 세계적으로 통용되며 국제사회의 핵심 의제로 자리 잡았습니다.

유엔은 2000년에 본격적으로 '새천년개발목표MDGs'를 채택해 빈곤 퇴치와 지속가능성을 위한 첫걸음을 내디뎠고, 2012년 리우+20 정상회의에서는 '녹색 경제'를 지속가능한 발전의 핵심 도구로 채택했습니다. 이를 바탕으로 MDGs를 잇는 새로운 목표 수립이 논의되었고, 2015년 유엔은 2030년까지 달성해야 할 열일곱 개의 목표, '지속가능발전목표Sustainable Development Goals, SDGs'를 발표했습니다. SDGs는 빈곤 종식, 기후 행동, 지속가능한 도시 등 전 세계가 해결해야 할 다양한 분야를 포괄하며, 이를 실현하기 위해 국가, 지방정부, 기업, 시민의 협력을 촉구하고 있습니다.

우리나라도 지속가능한 발전에 동참하고 있습니다. 2007년 '지속가능발전기본법'을 제정하며 법적 기반을 마련했고, '녹색

성장'과 '저탄소 성장' 같은 개념을 도입해 경제, 사회, 환경 분야에서 정책과 제도를 발전시켜 왔습니다. 요코하마시처럼 지역 단위에서의 실천 사례가 늘어나면서, 우리나라에서도 지속가능한 미래를 위한 노력이 점차 구체화되고 있습니다.

✅ **미세플라스틱** 플라스틱이 작은 입자로 분해된 형태로, 환경오염의 주요 원인 중 하나다. 5mm 미만의 크기로 분해가 어려워 바다, 공기, 심지어 북극에서도 발견되며, 생태계와 건강에 장기적 위협을 가한다.

✅ **업사이클링** 버려진 물건에 창의적 디자인을 더해 새로운 가치를 창출하는 폐기물 처리 방식이다. 단순 재활용(리사이클링)이 원료의 재사용에 그친다면, 업사이클링은 폐현수막으로 가방을 만들거나 폐페트병으로 플리스 재킷 등을 만드는 방식으로 폐기물의 가치를 높인다. 플라스틱 폐기물의 재활용률이 9%에 그치는 현실에서 폐기물 문제를 해결하는 대안으로 주목받고 있으며, 환경보호와 경제적 창의성을 동시에 추구한다.

✅ **지속가능한 발전** 환경보호와 경제성장을 조화시켜 현세대와 미래 세대의 필요를 모두 충족하는 발전 방식이다. 1987년 보고서 「우리 공동의 미래」에서 정의된 이 개념은 요코하마시의 음식물쓰레기 감소 사례처럼 실현 가능성을 보여 준다. 2015년 유엔은 이를 구체화하여 열일곱 개의 글로벌 목표를 제시했으며, 국제적 협력을 촉구한다. 한국도 2007년 법 제정으로 동참 중이다.

✅ **유엔 플라스틱 협약**　플라스틱 오염을 줄이기 위한 국제적 노력으로, 2022년 UNEA에서 시작되었다. 2024년 부산 INC-5 회의는 생산 감축과 재활용 확대를 목표로 법적 구속력 있는 협약을 논의했으나, 경제적 우려로 합의를 2025년으로 연기했다. 사우디아라비아와 한국 등은 산업 보호를 이유로 소극적 태도를 보이며 환경보호와 경제성장 간의 갈등을 드러냈다.

✅ **녹색 경제**　자원 효율성과 환경 보전을 경제성장의 기반으로 삼는다. 2012년 리우+20에서 채택된 이 개념은 플라스틱 완충재를 종이로 대체하거나 리필 스테이션을 설치하는 사례에서 살펴볼 수 있다. 녹색 경제는 폐기물 감축과 경제적 이익을 동시에 추구하며, 지속가능한 발전 달성의 핵심 전략으로 자리 잡았다.

"경제성장을 억제해
폐기물을 줄여야 한다"

1. 전 세계적으로 폐기물이
매년 늘어나고 있다

오늘날 전 세계 도시에서는 매년 약 23억 톤 이상의 쓰레기가 발생하는 것으로 추정됩니다. 여기에는 의류, 음식물, 생활용품 등 일상에서 발생하는 모든 폐기물이 포함됩니다. 그렇다면 우리나라는 얼마나 많은 쓰레기를 배출하고 있을까요? 환경부에 따르면, 2017년 우리나라 폐기물 발생량은 약 1억 5,000만 톤

이었고, 2022년에는 약 1억 8,000만 톤으로 5년간 3,000만 톤이 증가했습니다. 이는 연평균 약 600만 톤씩 늘어난 셈으로, 우리나라의 폐기물 배출 규모를 짐작하게 합니다.

전 세계적으로도 폐기물은 경제성장과 인구 증가에 따라 계속 늘어나고 있습니다. UNEP의 2024년 보고서에 따르면, 2023년 약 21억 톤이던 도시 고형 폐기물이 현재 추세대로라면 2050년에 약 38억 톤에 이를 것으로 전망됩니다. 태평양 한가운데 있는 거대한 쓰레기 지대, 칠레 아타카마 사막의 폐의류 더미와 같은 사례는 폐기물 문제의 심각성을 보여 줍니다. NASA 추정으로는 약 1만 톤 이상의 우주 쓰레기가 지구 궤도에 존재한다고 하니, 우주에도 인류가 버린 폐기물이 떠다니고 있는 셈입니다. 결과적으로 이를 모두 합하면 인류가 만든 폐기물의 총량은 상상을 초월합니다.

2. 폐기물이 환경문제를 넘어
생계에도 심각한 영향을 미치고 있다

이렇게 발생한 폐기물은 어떻게 처리될까요? 먼저 쓰레기를 종류별로 분리한 뒤, 재활용 가능한 일부를 제외하고 대부분은 소각되거나 매립됩니다. 불에 타는 쓰레기는 소각하고, 그렇지 않은 쓰레기는 땅에 묻습니다. 하지만 이 과정은 환경에 큰 부담을 줍니다. 소각 시에는 다량의 이산화탄소가 대기로 배출되며, 매립된 쓰레기는 부패하면서 이산화탄소와 메테인(이산화탄소보다 약 72배 강력한 온실가스)을 발생시킵니다. 결국 많은 폐기물을 처리하면 할수록 온실가스 배출량이 늘어나 지구온난화를 가속하는 원인이 됩니다.

특히 폐플라스틱 문제는 더욱 심각합니다. 생분해되지 않아 인공적으로 제거하지 않으면 사라지지 않는 플라스틱은 자연 환경, 생태계, 인간 건강, 심지어 경제까지 위협합니다. 바다로 유입된 폐플라스틱은 수백 년간 분해되지 않고 표류하는데, 해양 동물이 이를 먹이로 착각해 삼키는 일이 발생합니다. 세계자연기금WWF에 따르면, 매년 10만 마리 이상의 해양 포유류와 약 100만 마리의 바닷새가 플라스틱 섭취나 얽힘 등의 문제로 죽습니다. 게다가 미세플라스틱은 크기가 5mm 미만으로, 작은 물고기부터 대형 해양생물까지 섭취 가능해 먹이사슬을 통해 오랜 기간 축적됩니다. 이를 함유한 해산물을 인간이 장기적으로 섭취할 경우, 암, 호르몬 교란, 면역체계 이상 같은 건강 위험이 커질 수 있다는 연구도 있습니다.

플라스틱 오염은 경제적 손실로도 이어집니다. 해안가를 뒤덮은 폐플라스틱은 해변을 오염시켜 관광 산업에 타격을 줍니다. UNEP에 따르면, 아시아·태평양 지역에서 해양 플라스틱으로 인한 연간 경제 손실은 약 13억 달러에 달합니다. 관광객이 줄면 지역 경제가 위축되고, 플라스틱으로 어획량이 감소하면 어민들의 생계도 흔들립니다. 이를 해결하고자 인도네시아 발리는 2019년부터 일회용 플라스틱 사용을 금지하는 법안을 시행하며 관광지 보호와 폐기물 감축을 추진하고 있습니다.

플라스틱 쓰레기는 이제 환경문제를 넘어 생계와 경제에 영향을 미치는 심각한 과제로 떠오르고 있습니다.

3. 여전히 반복되는
'침묵의 봄'을 멈춰야 한다

1962년 레이첼 카슨은 『침묵의 봄』을 출간하며 살충제와 농약이 자연생태계와 인간에 미치는 파괴적인 영향을 고발했습니다. 이 책은 DDT 같은 화학물질의 남용이 조류 멸종과 생태계 붕괴를 초래한다고 경고하며, 전 세계적으로 환경문제에 대한 경각심을 불러일으켰습니다. 그러나 출간 과정에서 카슨은 농약 제조업체 등 관련 업계로부터 강한 반발과 협박을 받았습니다. 이들은 카슨의 주장이 사실임을 알면서도 회사의 이익을 지키기 위해 정부에 로비하며 농약 사용을 방치했습니다. 결국 이 책은 미국에서 DDT 사용 금지(1972년)를 이끌어내는 계기가 되었지만, 그 과정은 쉽지 않았습니다.

80년 전의 이야기가 오늘날에도 반복되고 있다면, 우리는 무엇을 해야 할까요? 산업화 이후 현대 문명의 패러다임이 바뀌며 소비문화는 '다품종 소량생산'으로 전환되었습니다. 문제는 다양한 상품이 빠른 유행 주기로 생산·소비되면서 과잉 소비와 과잉 폐기로 이어졌다는 점입니다. UNEP에 따르면, 2023

년 전 세계 도시 폐기물은 약 21억 톤에 달하며, 이는 과소비 문화와 맞물려 지구를 쓰레기로 뒤덮고 있습니다. 기업들은 폐기물 발생과 환경오염을 인지하면서도 이윤을 위해 소비를 조장합니다. '플렉스flex', '정기구독 배송', '쇼핑 하울haul' 같은 새로운 용어의 등장은 현대인의 과잉 소비를 상징합니다. 사람들은 편리함, 다른 사람과의 차별화, 유행을 좇느라 필요 없는 물건을 충동적으로 구매하고, 이는 짧은 시간 안에 폐기물로 전락합니다.

카슨은 『침묵의 봄』에서 단순히 살충제의 위험을 넘어 인간의 자연 착취를 비판하고 지속가능한 삶의 필요성을 강조했습니다. 오늘날 물건을 생산하고, 충동적으로 소비하며, 금세 버리는 문화는 80년 전의 경고를 무색하게 합니다. 반복되는 '침묵의 봄'을 멈추려면, 전 세계에서 벌어지는 환경 파괴의 현실을 먼저 자각하고 행동을 바꿔야 할 것입니다.

"경제성장을 억제해
폐기물을 줄일 필요는 없다"

1. 재활용 및 새활용 기술과 정책이
새롭게 등장하고 있다

쓰레기 배출 문제가 한 국가를 넘어 인류 전체의 해결 과제로 인식되면서, 많은 나라가 기후 위기와 같은 환경문제를 해결하기 위해 폐기물 처리 정책을 강화하고 있습니다.

우리나라에서는 폐기물 배출 시 요금을 부과하는 '종량제'를 1995년부터 시행하며 배출 책임을 강화하고 있습니다. '오염원인자 책임원칙Polluter Pays Principle'에 기반해서 폐기물 종류를 점차 확대해 가며 종량제는 효과를 보고 있습니다. 환경부에 따르면, 종량제 도입 후 2022년 생활 폐기물 발생량은 약 1,600만 톤으로 감소 추세를 유지하고 있습니다.

한편 기업들은 폐기물을 활용한 산업을 확대하고 있습니다. SK에코플랜트는 폐플라스틱을 재생에너지 연료SRF(고형연료)로 전환하는 사업을 추진 중입니다. 2023년 기준 연간 20만 톤을 처리하며 폐기물 감축과 청정에너지 생산이라는 일석이조의 효과를 내고 있습니다. 이는 폐기물 처리 산업이 경제성장과 함께 확대될 가능성을 보여 줍니다.

전 세계적으로 유행하고 있는 '새활용(업사이클링)'도 주목할 만합니다. 유럽을 중심으로 시작된 새활용은 버려진 제품에 디자인과 가치를 더해 새로운 상품으로 재탄생시키는 방식입니다. 예를 들어, 폐직물을 가방으로, 폐가구 가죽이나 폐플라스틱을 지갑 같은 액세서리로 만드는 사례가 늘고 있습니다. 새활용은 환경적·사회적 가치를 제공하며, 독창적인 디자인으로 소비자 수요를 창출합니다. 이는 새활용이 경제성장을 억제하지 않고도 폐기물을 줄이는 실질적 대안이 될 수 있음을 시사합니다.

2. 경제성장은 환경오염 개선에 긍정적인 영향을 미친다

쓰레기를 줄이고 환경을 보호하기 위해 경제성장에 규제를 가하면 어떤 일이 벌어질까요? 오히려 개발도상국과 저개발국의 피해가 커지며 세계적 불평등과 환경오염이 심화될 가능성이 높습니다. 경제성장이 환경 개선에 긍정적인 영향을 미치기 때문입니다. 경제가 성장하면 국가의 자원과 기술이 늘어나고, 이는 환경문제를 해결할 기반 마련으로 이어집니다.

경제성장은 국가 경제규모가 커지는 과정으로, 필연적으로 일자리 창출을 동반합니다. 일자리가 늘면 실업률이 줄고 국민의 삶의 질이 향상됩니다. 우리나라가 대표적인 사례입니다. 한국은 6·25 전쟁 이후 황폐했던 국토와 산업을 복구하며 1960~70년대 급속한 산업화를 이뤘습니다. 제조업 중심의 고도성장으로 발전소, 고속도로, 항만 같은 대규모 인프라를 구축했고, 이를 통해 축적된 자본으로 환경 개선에 투자했습니다. 예를 들어, 오수와 공장 폐수로 오염된 토양과 수질을 개선하기 위해 상하수도 시스템과 하수처리장을 건설하고, 한강 정비 사업을 추진했습니다. 또한 1995년 폐기물 분리배출 제도(종량제)와 재활용 산업을 도입하며 도시의 악취와 쓰레기 문제를 줄였고, 환경 법규를 강화해 청정 연료 개발 등 신기술로 대기오염도 완화했습니다. 이처럼 경제 발전은 직접적으로 환경 개선에 기여했을 뿐 아니라 외부효과를 낳았습니다. 깨끗한 식수 공급, 쓰레기 감소, 대기질 향상으로 국민의 건강과 삶의 질이 크게 높아졌습니다. 세계은행은 '한강의 기적'을 개발도상국의 모범 사례로 평가했으며, 이는 경제성장이 환경과 삶의 질을 동시에 개선할 수 있음을 보여 줍니다.

꾸준한 경제성장을 위해 적당한 소비는 필수적입니다. 소비 증가는 시장에 활력을 불어넣고 경제 선순환을 만듭니다. 기업은 소비자를 위한 선의의 경쟁을 벌이며, 이는 다양한 산업과 일자리를 창출합니다. 특히 개발도상국과 저개발국에서는 경제성장이 불평등 해소와 환경 개선의 동력이 됩니다.

3. 지속가능한 발전의 도입으로
친환경 경제 발전을 확보할 수 있다

수십 년간 경제성장과 환경 보호는 서로 상충하는 목표로 치열하게 대립해 왔습니다. 그러나 '지속가능한 발전' 개념이 등장하면서 경제를 성장시키며 환경을 보호할 수 있다는 희망이 생겼습니다. 지속가능한 발전은 단순한 경제성장에 그치지 않고, 환경에 미치는 부정적 영향을 줄이고 미래 세대를 위한 자원 보존을 목표로 합니다. 이를 위해서는 청정에너지와 기술을 도입하고, 자원을 최대한 재활용하며, 이 개념을 농업, 산업, 일상생활에 적용 및 교육하는 노력이 필요합니다.

제조업 강국 독일은 이의 모범 사례입니다. 독일은 태양광, 풍력, 수력 등 재생에너지 비율을 늘려 온실가스 배출을 줄이고 있습니다. 또한 유럽연합 내 많은 나라도 '순환경제Circular Economy' 모델을 채택해 분리수거를 의무화하고 자원 활용을 극대화하며 폐기물을 최소화하고 있습니다. 프랑스는 2024년 패스트패션 업체에 생산량에 비례한 부담금을 부과하고 광고를 금지하는 법안을 통과시켜 의류 폐기물 감축과 경제 규제의 조화를 만들어 냈습니다.

경제 인프라가 부족한 아프리카 국가는 지리적 이점을 살려 지속가능한 관광에 노력을 기울이고 있습니다. 탄자니아는 생태관광을 통해 세렝게티 국립공원의 자연을 보존하며 관광객을 유치하고 있습니다. 이는 자연을 보호하면서도 경제성장을 멈추지 않는 성공적인 사례로, 환경문제를 해결하기 위해 경제를 희생할 필요가 없음을 보여 줍니다.

사회자

김억제

이성장

 안녕하십니까. 오늘 '기후변화' 토론반에서는 '환경을 위해 경제성장을 억제해 폐기물을 줄여야 할까?'를 주제로 이야기를 나눕니다. 현재 폐기물 발생과 처리는 한 국가를 넘어 인류 전체가 해결해야 할 문제로 대두되고 있습니다. 우리 생활을 편리하게 해주고 욕구를 채워 주었던 물건들이 이제 세계 곳곳에 쓰레기 산을 만들어 환경오염을 일으키고 있으며, 특히 플라스틱 폐기물은 생태계

에 치명적인 위험을 초래합니다. 과연 폐기물을 줄이기 위해 경제성장을 억제해야 할까요, 아니면 경제를 발전시키며 폐기물도 줄일 수 있을까요? 오늘 참석해 주신 김억제 씨와 이성장 씨의 의견을 들어 보겠습니다.

안녕하세요. 저는 폐기물 발생을 줄이기 위해 경제성장을 억제해야 한다고 봅니다. 지구는 현재 처리되지 못한 폐기물로 몸살을 앓고 있습니다. 특히 플라스틱 폐기물은 지구를 뒤덮을 정도로 심각합니다. 이는 경제성장으로 소득과 소비가 증가한 결과입니다. 우리나라를 예로 들자면, 1970년대 산업화 이후 50년 만에 급격한 성장을 이루어 냈지만, 2022년에는 OECD 국가 중 1인당 플라스틱 폐기물 발생 1위라는 오명도 기록했습니다. 우리나라뿐만 아니라 전 세계적으로도 폐기물의 양은 증가하고 있습니다. 태평양의 '거대 쓰레기 지대'나 개발도상국의 쓰레기 산은 토양과 강을 오염시키며 주민과 야생동물의 건강을 위협합니다. 화려한 삶보다 쓰레기 문제를 우선 걱정해야 할 때입니다.

폐기물 문제는 더 이상 과도하게 걱정할 필요가 없습니다. 각국이 적극적으로 대응하고 있기 때문입니다. 우리나라를 비롯한 각국 정부는 폐기물을 배출하는 사람들에게 요금을 부과하는 정책을 확대해서 폐기물 배출 감소를 유도합니다. 기업들도 폐기물을 재생에너지로 전환하는 기술에 적극 참여하면서 폐기물의 재활용률을 높이고 있습니다. 이외에도 '업사이클링'으로 불리는 새활용이 폐기물 처리의 또다른 방법으로 떠오르면서 새활용 산업의 규모가 점차 커지고 있습니다. 현재 유럽과 북미를 중심으로 새활용 산업과 그 인식이 확산되는 추세이며, 이런 혁신은 경제성장 속도를 늦추지 않아도 폐기물을 줄일 수 있음을 보여 줍니다.

새활용은 이제 막 시작된 소규모 산업으로, 현재 폐기물 문제를 모두 해결하기 어렵습니다. 폐기물의 양적 증가

만 문제가 아닙니다. 폐기물을 처리하는 과정에서 온실가스가 배출되며 이는 지구온난화를 악화시키고 있습니다. 또한 처리되지 못한 폐기물은 자연으로 유출돼 더 큰 피해를 발생합니다. 육지의 쓰레기 산은 식수 오염과 호흡기 질환을 유발하고, 바다로 유출된 폐플라스틱은 해양생물의 생존을 위협합니다. 미세플라스틱은 먹이사슬을 통해 인간의 건강에까지 영향을 미칩니다. 또한 해양 오염은 관광업과 어업에 경제적 손실을 초래합니다.

 폐기물의 부정적 영향은 인정합니다. 하지만 경제성장을 억제하면 더 큰 부작용이 생깁니다. 특히 개발도상국과 저개발국에 피해가 집중됩니다. 경제성장은 일자리를 창출하고, 실업률 감소와 소득 증가로 삶의 질을 높이는 효과가 있습니다. 우리나라는 20세기 중반 고도성장으로 사회 기반시설을 구축하고, 한강 수질과 오염된 대기를 개선했습니다. 이처럼 개발도상국은 경제성장을 통해 폐기물 관리 인프라를 확충할 수 있습니다.

경제성장이 환경 개선에 기여할 수 있다는 점은 일부 타당합니다. 하지만 현재 세상은 '적당한 소비'를 모르는 쪽으로 변해 가고 있습니다. 기업은 폐기물 현황과 그것이 야기하는 오염을 알면서도 이윤을 위해 끊임없이 제품을 생산하고, 자극적인 마케팅을 멈추지 않습니다. 소비자는 남들과 달라 보이려고, 유행을 좇으려고, 아니면 조금 더 편리함을 누리려고 매일같이 물건을 구매합니다. 명품, 패스트패션 용품, 일회용 플라스틱이 이러한 이유로 소비됩니다. 과도하고 충동적인 소비는 폐기물 증가로 이어집니다. 레이첼 카슨은 1968년에 『침묵의 봄』에서 기업과 사회의 이기심이 환경을 망친다고 경고했는데, 수십 년이 지난 지금도 똑같은 일이 반복되고 있습니다. 이를 멈추려면 당장은 아쉽더라도 경제성장의 속도를 줄여야 합니다.

과거에는 경제와 환경이 양립하기 어려웠지만, 지속가능한 발전이 대안으로 떠올랐습니다. 전 세계가 경제성

장과 환경 보호를 동시에 달성하기 위해 노력하고 있으며, 화석연료 대신 태양광이나 풍력과 같은 재생에너지를 사용하고, 자원을 재활용해 경제와 환경의 조화를 추구하고 있습니다. 정부와 기업뿐 아니라, 일반 시민도 해당 개념과 목표에 대한 인식이 높아지고 있습니다. 현재 많은 국가가 자신들만의 경제적·지리적 특성을 고려해 고유한 지속가능한 발전 모델을 추진하고 있습니다. 성장을 억제해 환경을 보호해야 한다는 막연한 구호보다는, 인간과 자연이 공생하는 쪽으로 방향을 전환하는 것이 현재 우리에게 더욱 필요합니다.

네, 두 분의 열띤 토론 감사드립니다. 마무리 발언 부탁드립니다.

경제성장의 속도가 빨라질수록 자원과 에너지의 소비도 증가합니다. 그리고 이는 각종 폐기물, 쓰레기 산, 미세 플라스틱 발생 등의 문제를 유발합니다. 산업 규모가 커

져도 폐기물 처리 능력은 부족해 삶의 질 개선이 아닌 환

경 파괴로 이어집니다. 경제성장 속도를 줄여야만 해결

할 수 있는 문제입니다.

 경제가 발전할수록 폐기물 처리 기술과 정책이 개선되

고 있습니다. 경제가 성장하면 폐기물 문제도 줄어들 것

입니다. 경제성장은 일자리를 창출하고 빈곤을 해결하

는 동력입니다. 아울러 세계 여러 나라가 지속가능한 발

전이나 순환 경제 모델을 도입해서 환경보호를 도모하

고 있습니다. 그러므로 폐기물 문제를 해결하고자 경제

성장을 억제할 필요는 없습니다.

1. 책의 내용을 보며 다음 빈칸을 채워 보자.

- (   )은 플라스틱이 5mm 미만의 작은 입자로 분해된 형태로, 해양생물이 섭취하며 생태계와 인간 건강에 장기적 위협을 가하고 있다.

- (   )은 단순 재활용을 넘어 폐현수막으로 가방을 만들거나 폐페트병으로 후리스를 제작하는 등 환경 보호와 경제적 창의성을 동시에 추구하는 폐기물 처리 방식이다.

- (   )은 1987년 「우리 공동의 미래」에서 정의된 개념으로, 환경보호와 경제성장을 조화시켜 현세대와 미래 세대의 필요를 충족한다.

- 2012년 리우+20에서 채택된 개념으로, 플라스틱 완충재를 종이로 대체하거나 리필 스테이션을 설치하는 등 폐기물 감축과 경제적 이익을 동시에 추구하는 개념을 (   ) 라고 부른다.

2. 토론 내용을 보고 찬성과 반대 입장의 주장과 그 근거를 간단히
   정리해 보자.

- 폐기물을 줄이기 위해 경제성장을 억제해야 할까?

- 찬성

- 반대

3. 폐기물의 발생과 경제성장에 대한 나의 생각을 정리해 보자.

- 나는 폐기물의 발생이 경제성장에
  라고 생각한다.
  왜냐하면

5

탄소세, 반드시 도입해야 할까?

탄소세 도입으로
기후 위기 문제를 해결할 수 있다

탄소세 도입은 오히려
경제 불평등을 초래할 것이다

1995년, 우리나라는 전 국민이 쓰레기 배출량에 따라 요금을 내는 '쓰레기 종량제'를 최초로 도입했습니다. 세계적으로 주목받는 제도이지만, 우리나라처럼 전국적으로 정착된 사례는 드뭅니다. 쓰레기 분류의 번거로움과 비용 부담에 대한 시민 반발 때문입니다. 실제로 홍콩은 시민 반대와 실행의 어려움으로 도입에 실패하고 말았습니다.

우리나라에서는 약 30여 년간 가정, 식당, 공장 등 종량제 봉투 비용을 부담하며 안정적으로 제도가 안착했습니다. 이는 환경오염을 일으킨 주체가 그 비용을 지불하는 원칙인, '오염원인자 책임원칙'을 반영한 것입니다. 대기·수질 오염물질을 배출하는 기업에 부과금을 매기

는 '배출 부과금 제도'는 사업자의 오염 억제 행위를 유도하는 대표적 오염원인자 책임원칙의 사례입니다.

'탄소세'도 오염원인자 책임원칙의 사례입니다. 탄소세는 탄소 배출에 세금을 부과해 온실가스 감축을 유도하는 정책으로, 특정 오염물질 배출이 아닌 상품·서비스 생산 전반에 적용되며 잠재적 오염원인자에게 책임을 묻습니다. 주로 기업에 부과되지만, 결국 소비자가 선택하는 상품과 서비스가 온실가스 배출에 영향을 미친다는 점에서 개인 역시 탄소세의 부과로부터 자유롭지는 못할 것입니다. 소비의 결과로 배출되는 탄소에 대해 우리는 어떤 책임을 져야 할지 고민해 볼 필요가 있습니다.

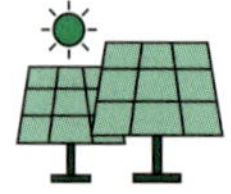

탄소가 지구에 남긴 흔적, 탄소발자국

모래사장을 걷다가 문득 뒤를 돌아봤을 때 내가 걸어왔던 발자국이 고스란히 남은 모습을 본 적이 있나요? 발자국은 발로 밟은 자리에 남는 흔적으로, 신발의 종류나 걸음의 속도, 방향에 따라 제각각 다른 크기와 형태로 땅에 남습니다. 이처럼 우리가 매일 하는 활동이나 사용하는 제품, 먹는 음식에 따라서도 지구에 흔적이 남습니다. 이를 '탄소발자국'이라고 부르는데요, 인간의 활동이나 제품의 생산, 소비 그리고 폐기 과정에서 발생한 탄소의 총량을 뜻하는 용어입니다. 전 세계 80억 인구가 매일 땅에 발자국을 남기듯, 우리도 매일 지구 위에 탄소발자국을 남기고 있습니다.

이 탄소발자국은 현재 주로 무게 단위(g, kg 등)로 환산해서 표시하는데, 무거울수록 지구 건강에 좋지 않은 영향을 미친다는 뜻입니다. 예를 들어, 우리가 먹는 음식에서 사과 한 개는 약 75g, 생수 한 병(500mL)은 82g, 햄버거는 무려 2.5kg의 탄소발자국을 남깁니다. 이외에도 비닐봉지 하나를 쓰면 10g, 하루 세 시간 핸드폰을 사용하면 약 47g, TV를 두 시간 보면 120g, 세탁기를 한 시간 돌리면 700g의 탄소발자국이 생깁니다. 교통수단으로 1km를 이동할 때도 지하철은 11g, 버스는 28g, 승용차는 192g, 비행기는 285g의 탄소발자국을 남기지요. 이 수치들로 계산해 보면, 우리나라에서 한 사람이 아침에 일어나 출근하고 평범한 하루를 보내다가 잠자리에 드는 순간까지 약 20~25kg의 탄소발자국을 남긴다고 합니다. 인구가 많으면 많을수록, 시간이 흐르면 흐를수록 지구에 남는 탄소발자국은 점점 더 많아지고 진해질 것입니다. 그러다 어느 순간, 탄소발자국을 더

는 남기기 어려울 정도로 지구가 탄소로 가득 차게 될지도 모
르지요.

세계 시장의 새로운 규범으로 자리 잡고 있는 탄소세

탄소발자국을 줄이려면 개인의 실천과 집단의 노력이 동시에
필요합니다. 개인은 종이컵, 나무젓가락, 포장 용기와 같은 일
회용품의 사용을 줄이고, 대중교통이나 자전거로 이동하고, 육
식을 자제하고, 물과 전기를 아껴 쓰는 등의 노력으로 탄소 배
출을 줄일 수 있습니다. 그러나 개인의 노력만으로는 기후 위
기를 해결하기 어려우므로, 기업과 정부 같은 집단의 역할도
요구됩니다. 이에 기업은 제품의 생산과 판매 과정에서 탄소발
자국을 줄이는 방법을 모색하고 있으며, 정부는 규제와 정책으
로 기후 위기에 대응하고 있습니다. 그 대표적인 예가 '탄소세'
입니다.

탄소세는 기후 위기의 심각성에 대응해 도입된 환경세로, 기

업이 제품 생산 과정에서 배출하는 탄소량에 따라 부과됩니다. 1990년 핀란드가 세계 최초로 도입한 이후, 2023년 기준 스웨덴, 노르웨이, 덴마크, 스페인 등 27개국에서 시행 중입니다. 탄소세의 주요 목적은 세수 증가가 아니라 탄소 배출 감소를 유도하는 경제적 인센티브 제공이라고 할 수 있습니다. 탄소세를 부과하면 기업은 생산량을 수요에 맞게 조절하거나, 탄소 감축 기술을 개발하거나, 재생에너지를 활용해 탄소 배출을 줄이는 방안을 찾을 것이기 때문입니다.

기후 위기가 심화되면서 탄소세는 세계 시장의 새로운 규범으로 자리 잡고 있습니다. 따라서 기업은 탄소 배출을 줄이지 않으면 시장 경쟁에서 도태될 가능성이 커졌습니다. 우리나라는 아직 탄소세를 도입하지 않은 상태이며, 대신 2015년부터 온실가스를 배출할 수 있는 권리를 기업 간에 사고파는 '배출권거래제ETS'를 도입해 운영 중입니다.

기후 위기 대응을 위한 경제적 도구, 배출권거래제와 탄소국경조정제도

탄소세를 도입한 나라들은 대부분 배출권거래제를 함께 운영합니다. 배출권거래제는 이름에서 알 수 있듯이 온실가스 배출권을 기업이 서로 사고팔 수 있게 만든 제도입니다. 정부가 기업에 일정량의 배출 허용량을 할당하면, 어떤 기업은 온실가스를 감축하려는 노력을 해서 할당량보다 적게 배출할 수도 있고, 어떤 기업은 계획된 할당량을 초과할 수도 있습니다. 이때 두 기업은 배출권을 거래할 수 있습니다. 세계적으로는 2024년 기준 약 75개 국가 및 지역에서 탄소세 또는 배출권거래제를 운영 중입니다.

한편, '탄소국경조정제도CBAM'는 국가 간 무역에서 탄소 배출을 규제하는 방식입니다. 나라마다 탄소 정책 강도가 달라 규제가 약한 곳으로 공장을 이전해 배출량을 늘리는 '탄소 누출carbon leakage'을 막기 위해 도입되었습니다. 2023년 10월, EU가 세계 최초로 탄소국경조정제도를 시행했는데, 이는 EU 외 국가에서 수입되는 철강, 시멘트, 알루미늄 등 탄소 집약적 제품에 EU의 탄소 가격을 부과한다는 내용입니다. 탄소국경조정제도가 도입되면 탄소세를 도입한 국가와 그렇지 않은 국가 간 무역 불균형을 줄일 수 있습니다.

배출권거래제와 탄소국경조정제도는 탄소세를 보다 효율적으로 실행하기 위한 경제적 도구입니다. 탄소 감축을 유도하는 동시에 글로벌 무역에서 새로운 기준으로 작용할 것으로 보입니다.

기후 위기 시대에 뜨는 기업과 지는 기업?!

탄소세, 배출권거래제, 탄소국경조정제도는 모두 탄소 배출의 사회적 비용을 기업에 부담시켜 친환경 행동을 유도하거나 세수를 확보하는 정책입니다. 탄소세는 지역마다 세율 기준이 달라 가격에 차이가 있지만, 평균 1톤당 30~57달러(약 3만 8,000~7만 3,000원)로 형성되어 있습니다. 그렇다면 이러한 정책이 국제시장에는 어떤 영향을 미칠까요?

EU는 2023년 10월에 탄소국경조정제도를 도입하며 철강, 시멘트, 전기, 비료, 알루미늄, 수소 등 여섯 개의 탄소 집약 산업을 대상으로 설정했습니다. 해당 분야의 제품을 생산하는 기업은 제품 생산 과정에서 탄소를 감축하지 않는 한, EU 수출 시 높은 탄소 비용을 감당하게 되었습니다. 철강·시멘트 비중이 큰 한국은 EU 무역에서 추가 부담을 질 전망입니다.

화석연료 의존도가 높은 중동 산유국, 인도, 알제리 등은 비용 증가로 경쟁력 약화와 물가 상승을 우려하며 탄소국경조정제도의 도입을 반대합니다. 이들은 화석연료로 경제성장을 추구하는 개발도상국으로, 선진국 주도의 탄소세가 불공평하다고 비판합니다. 기후정의 관점에서도, 준비가 미흡한 국가에 일방적 부담을 지우는 것은 논란거리가 될 수 있습니다.

반면, 탄소 감축 기술을 적용한 기업, 재생에너지 기업, 대체육 산업, 온실가스 배출이 적은 디지털·기술 기업은 유리해질 것입니다. 2024년 재선된 미국 트럼프 대통령은 국내 산업 보호를 위해 탄소세 도입을 적극적으로 검토 중입니다. 미국은 자본과 기술로 친환경 산업을 선도하며, 탄소세 도입 시 시장 우위를 점할 가능성이 큽니다. 하지만 이는 개발도상국에 추가 비용을 전가하며 무역 손실을 초래할 수도 있습니다.

주제 관련 핵심 용어 정리

✅ **탄소발자국** 우리 일상에서 사용하는 생활용품과 소비재의 원료 채취, 제조, 유통, 폐기, 전 과정에서 발생하는 이산화탄소 배출량을 환산한 값이다. 사과 한 개는 약 75g, 햄버거는 2.5kg의 탄소발자국을 남기며, 이는 재료 생산과 운송 과정 전반에서 발생한다. 탄소발자국 개념은 개인과 기업이 환경에 미치는 영향을 계량화해 기후 위기에 대응하는 기준으로 활용되며, 대중교통 이용과 같은 일상 속의 작은 선택이 탄소 배출량을 줄이는 데 기여할 수 있음을 보여 준다.

✅ **탄소세** 환경세의 일종으로, 상품·서비스 생산 과정에서 발생하는 온실가스(주로 이산화탄소) 배출에 부과하는 세금. 1990년 핀란드가 최초로 도입했으며, 평균 세율은 톤당 30~57달러로 국가마다 다르다. 기업이 탄소 배출 비용을 부담하게 해 재생에너지 도입이나 친환경 기술 개발을 유도한다.

✅ **배출권거래제** 온실가스 감축 의무가 있는 사업장 또는 국가 간 배출권을 거래할 수 있는 제도이다. 한국은 2015년부터 시행해 2022년에 6억 톤을 거래했다. 정부가 배출 한도를 정하면 기업은 이를 준수하거나 잉여분을 판매해 비용을 절감한다.

☑ 탄소국경조정제도   탄소 누출 방지와 공정한 경쟁 환경 조성을 위해 환경 규제가 약한 국가의 제품에 부과하는 일종의 무역 관세이다. EU는 2023년부터 철강, 시멘트 등 여섯 개 분야의 수입품에 EU 탄소 가격을 부과해 규제 차이로 인한 불공정을 줄이고 있다. 이는 개발도상국의 반발을 일으키고 있지만, 무역과 환경 정책의 균형을 모색하는 도구로 주목을 받고 있다.

"탄소세 도입으로
기후 위기 문제를 해결할 수 있다"

1. 탄소세는 이산화탄소 감축의
가장 효과적인 수단이다

지구온난화와 기후 위기의 주요 원인이 탄소 배출이라는 과학적 사실이 밝혀지며, 국제사회는 이를 줄이기 위해 탄소세를 도입했습니다. 탄소세는 상품·서비스 생산 과정에서 발생하는 온실가스 배출량에 따라 기업에 부과되는 환경세로, 세수 증대보다 기업의 자발적 감축을 유도하는 경제적 인센티브에 초점을 둡니다. 이는 탄소 배출의 사회적 비용을 기업에 부과해 생산 방식을 바꾸게 하는 방식입니다. 많은 경제학자가 탄소세를 이산화탄소 감축의 가장 효과적인 수단으로 평가합니다. 미국 에너지정보청EIA은 여러 산업에 탄소세를 적용하면 2050년까지 2020년 대비 탄소 배출이 19% 줄어들 것으로 전망합니다.

실제로 일부 국가에서는 이미 탄소세의 효과를 입증했습니다. 스웨덴은 1991년 세계 최초로 탄소세를 도입한 후, 1990년 대비 2020년까지 온실가스 배출량을 약 29% 감소시켰습니다. 스톡홀름의 대규모 발전소는 석탄 대신 바이오매스를 사용하여 지역난방 시스템의 이산화탄소 배출량을 연간 약 12% 줄였으며, 이는 주거용 배출 감소의 주요 요인이 되었습니다. 독일은 1999년 생태세 개혁을 통해 온실가스 배출량을 2000년부터 2020년까지 약 25% 감축했는데, 자동차 업체 폭스바겐은 생태세를 비롯한 다양한 요인을 계기로 전기차 생산을 확대하여 2023년 기준 연간 약 77만 대를 생산하며 탄소 감축에 기여했습니다. 영국은 2013년 탄소가격하한제Carbon Price Floor를 도입해 석탄 화력 발전소 가동을 줄였고, 그 결과 석탄 화력 발전 비중은 2012년 대비 2020년까지 27.3% 감소했습니다. 일부 오래된 발전소는 폐쇄 후 태양광 단지로 전환되어 재생에너지로 활용되고 있습니다.

탄소세 부담이 커질수록 기업은 손실을 줄이기 위해 혁신에 나섭니다. 예컨대, 네덜란드의 화학 기업 DSM은 탄소세를 피하기 위해 2022년 탄소 포집 기술을 도입해 공장 배출을 30% 줄였고, 이는 제품 가격의 경쟁력으로 이어졌습니다. 국가 차원에서는 덴마크가 1992년 탄소세를 도입한 뒤 풍력 발전 비율을 50% 이상으로 끌어올려 화석연료 의존도를 낮췄습니다. 이런 사례는 탄소세가 단순히 비용 부과를 넘어 기술 개발과 재생에너지 전환을 촉진하며 기후 위기에 실질적으로 대응한다는 점을 보여 줍니다.

2. 다양한 탄소가격제도로 효율적인 배출 감소가 가능하다

생산 과정에서 배출되는 탄소에 대해 무조건 세금을 부과하면

강한 저항에 부딪힐 수 있습니다. 이를 완화하고자 세계 여러 국가와 지역은 '탄소가격제Carbon Pricing'를 도입해 배출 감소를 효과적으로 유도하고 있습니다. 대표적으로 탄소세, 배출권거래제, 탄소국경조정제도가 있으며, 이들은 탄소 배출 주체에 비용을 부과해 감축을 촉진합니다.

배출권거래제는 정부가 총 배출량을 정하고 기업에 배출권을 할당해, 남거나 부족한 배출권을 시장에서 거래하게 하는 제도입니다. 수요와 공급에 따라 가격이 결정되며, 기업은 배출을 줄여 비용을 절감하거나 잉여 배출권 판매로 이익을 얻을 수도 있습니다.

2024년 기준, 한국 포함 아홉 개 국가와 일본 도쿄, 미국 캘리포니아 등 열아홉 개 지역이 배출권거래제를 운영합니다. 한국은 2015년 도입한 후 톤당 약 16달러, EU는 약 50달러, 캐나다·독일은 약 30달러 수준으로 거래하고 있습니다. 독일의 한 연구팀은 배출권거래제 도입 이후 탄소 배출량을 캘리포니아가 15.1%, EU가 7.8% 감축했다고 밝혔습니다. 한국은 이보다는 낮은 2~5%의 감축을 기록했습니다.

기업이 생산하는 제품은 국경을 넘어 수입 혹은 수출되곤 하는데, 앞으로는 국가 간 무역을 할 때도 탄소세를 부과해야 할 것으로 보입니다. EU는 탄소국경조정제도를 도입해, 철강, 시멘트, 알루미늄 등 여섯 개 분야 수입품에 탄소 가격을 적용하며, 규제가 약한 국가의 '탄소 누출'을 막습니다. 예컨대, 인도의 타타 스틸은 EU 수출 시 추가 비용을 피하려 2024년부터 재생에너지 비율을 약 16%로 늘렸고, 이는 연간 50만 톤의 탄소 감축으로 이어질 예정입니다. 탄소국경조정제도의 범위는 점차 확대될 추세여서 기업들은 강력한 감축 정책을 준비해야 합니다.

3. 탄소세 수입은 환경 개선과 불평등 완화에 재투자된다

2020년 기준, 탄소세 수입은 핀란드 약 14억 달러, 프랑스 96억 달러, 스웨덴 23억 달러, 노르웨이 14억 달러, 스위스 12억 달러로 국가마다 상당한 세수를 기록했습니다. 탄소세는 기업의 배출 감축을 유도하며 기후 위기에 대응하는 데 초점이 맞춰져 있어, 수입은 주로 재생에너지, 건물 에너지 효율 개선, 청정 기술 개발 등 환경 정책과 기술에 재투자됩니다. 일부 국가는 저소득층 지원이나 세금 경감에도 사용합니다.

핀란드는 1990년 세계 최초로 탄소세를 도입한 뒤 이를 소득세 감면과 기업의 사회보장비 부담 완화에 활용했으며, 2022년에는 헬싱키의 전기버스 충전소 확충에 약 2,000만 유로를 투자해 교통 분야에서의 탄소 배출을 줄였습니다. 스웨덴은 법인세 삭감과 저소득층 지원 외에도 2021년 탄소세 수입 일부로 풍력 발전소를 확장하며 재생에너지 비율을 50% 이상으로 유지했습니다. 캐나다는 브리티시컬럼비아주에서 2008년 도입한 탄소세 수입을 2023년 기준 1인당 최대 447달러를 환급으로 돌려주고, 나머지는 태양광 연구에 투입해 15%의 배출 감소를 달성했습니다. 스위스는 2020년 수입의 3분의 2를 국민에게 균등 배분하며 공정성을 높였고, 나머지로 알프스 지역 산림 복원에 투자했습니다.

탄소세는 기후 위기 해결을 위한 기술과 정책에 재투자되거나 저소득층의 경제적 부담을 덜어줌으로써, 환경 개선과 불평등 완화를 동시에 추구하는 효과가 있습니다. 이는 탄소세가 기후 위기 대응에 실질적으로 기여할 수 있음을 보여 줍니다.

등 완화를 동시에 추구하는 효과가 있습니다. 이는 탄소세가 기후 위기 대응에 실질적으로 기여할 수 있음을 보여 줍니다.

"탄소세 도입은
오히려 경제 불평등을 초래할 것이다"

---

1. 관련 산업의 경쟁력이
둔화할 것이다

탄소세 도입은 화석연료 의존도가 높은 기업에 세금 부담을 가중시켜 이윤을 줄이고, 제조업 중심 국가들의 경제성장 둔화를 초래할 수 있습니다. 특히 한국은 철강, 조선, 자동차, 석유화학 등 주요 산업이 화석연료를 많이 사용하기 때문에 국가 경제에 큰 부담이 예상됩니다. 국제통화기금IMF은 탄소세를 톤당 75

달러로 설정할 것을 제안했는데, 이는 포스코 같은 철강 기업이 연간 6조 원 이상(2023년 배출량 7,800만 톤 기준)을 납부해야 함을 의미합니다. 2024년 포스코의 영업이익이 약 2조 원임을 고려하면, 이는 기업 존립을 위협하는 수준입니다. 포스코는 이미 탄소세 부담을 줄이기 위해 해외 공장 이전을 검토 중이며, 이는 국내 일자리 감소로 이어질 가능성이 있습니다.

실제로 탄소세가 산업 경쟁력을 약화시킨 사례가 있습니다. 호주는 2012년 탄소세를 도입하면서 온실가스를 줄이는 야심 찬 계획을 세웠으나, 시설 전환 비용 부담과 상품과 서비스 가격 상승 등 호주 경제에 미칠 타격을 우려해 도입 2년 만인 2014년 세계 최초로 탄소세를 폐지하고 말았습니다. 반면, 탄소세를 도입하지 않은 미국은 철강·알루미늄 산업에서 여전히 경쟁력을 유지하면서 EU의 탄소국경조정제도에 반발하고 있습니다. 2024년 기준 탄소세를 시행하는 국가는 27개국에 불과하며, 중국(31% 배출), 미국(13%), 인도(7%), 러시아(5%) 등 주요 배출국은 경제적 손실을 우려하며 도입을 꺼리고 있습니다. 이는 탄소세가 단기적으로 산업 경쟁력을 떨어뜨리고, 개발도상국이나 저소득층의 불평등을 심화할 수 있음을 시사합니다.

2. 결국 소비자의 책임 부담이 늘어나고 불평등이 심화된다

탄소세 도입은 기업의 세금 부담을 가중시키고, 기업은 이익을 지키기 위해 비용을 소비자에게 전가할 가능성이 큽니다. 예를 들어 자동차 제조사가 탄소세를 부담하면 차량 가격을 인상해 손실을 만회하려 할 것입니다. 마찬가지로 화석연료를 사용해 에너지를 생산하는 발전사는 요금을 올려 부담을 사용자에게 떠넘길 수 있습니다. 영국은 2013년 탄소가격하한제 도입 후 전기요금이 10% 상승하며 가구당 연간 50파운드(약 8만 원)의 추가 비용이 발생했습니다.

탄소세는 에너지 가격 상승을 초래하여 난방, 교통, 생활용품 등 필수재 가격에 영향을 미치며 소비자 부담을 가중시킬 수 있습니다. 특히 저소득층은 소득 대비 에너지 지출 비율이 높아 더 더욱 타격을 받을 가능성이 큽니다. 예를 들어, 미국 환경보호국EPA은 탄소세가 도입되면 저소득층의 에너지 지출 비율이 증가할 가능성이 있다고 보고했습니다. 또한 인도에서는 2022년 탄소세 논의 중 저소득 농촌 가구가 전기료 부담으로 조명을 줄이며 생활 수준이 악화된 사례가 보고되었습니다.

탄소세는 기업에 직접 부과되지만, 생산·유통 전 과정의 비용 상승은 결국 소비자에게 전가됩니다. 이는 저소득층의 삶을 더 힘들게 하며 경제 불평등을 키울 수 있습니다.

3. 개발도상국에 오히려 불리한 위치를 제공할 것이다

선진국은 탄소세가 기후 위기를 해결할 것이라 주장하지만, 탄소국경조정제도로 인해 개발도상국이 불리해질 수 있다는 우려가 있습니다. EU가 2023년 10월 도입한 탄소국경조정제도는 수입품의 탄소 배출량에 따라 추가 비용을 부과합니다. 선진국은 첨단 탄소 감축 기술과 재생에너지로 대응할 수 있지만, 자본과 기술이 부족한 개발도상국은 높은 관세를 고스란히 감당해야 합니다.

아프리카 모잠비크는 알루미늄 수출 비용이 약 39% 증가할 것으로 보이며, 이는 GDP가 약 1.6% 감소하고 지역 일자리가 감소하는 결과로 이어질 전망입니다. 인도는 탄소국경조정제도로 철강 수출 비용이 연간 4억 달러 증가하면서 EU 시장 경쟁력이 약화됐고, 이에 맞서 자체 수출세 도입을 검토하고 있습니다. 또한 남아공은 WTO에서 탄소국경조정제도를 '차별적'이라고 비판하며, 탄소 집약적인 경제 구조로 인해 빈곤층 부담이 커질 것이라 우려했습니다. 반면, EU는 해당 제도로 연간 최대 34억 달러의 수입을 창출하지만, 개발도상국에 대한 지원은 제한적입니다. 이러한 제한적인 지원은 국제적으로 불평등 논란을 심화시키고 있습니다.

탄소세와 탄소국경조정제도는 개발도상국이 배출량을 조작하는 위험도 낮을 수 있습니다. 이 경우 세계 여러 국가에서 무역 분쟁이 일어날 수 있고, 결국 기후 위기 해결을 명분으로 한 이 제도가 오히려 경제적 불평등을 심화하고 갈등을 유발하는 결과를 초래할 수 있습니다.

사회자

윤기여

박부담

안녕하십니까. 오늘 '기후변화' 토론반에서는 '탄소세, 반드시 도입해야 할까?'를 주제로 논의하겠습니다. 지구 온난화의 주범인 탄소 배출을 줄이기 위해 국제사회가 노력 중이며, 그 방안으로 탄소세가 주목받고 있습니다. 이는 화석연료 사용 기업에 배출량만큼 비용을 부과하는 제도인데, 이 제도가 기후 위기를 해결해 줄 수 있을까요, 아니면 경제적 부담만 키울까요? 윤기여 씨와 박부담 씨의 의견을 들어 보겠습니다.

안녕하세요. 저는 탄소세가 기후 위기 해결에 필요하다고 봅니다. OECD 전 사무총장 앙헬 구리아는 기후변화는 전 세계가 해결해야 할 문제이고, 탄소에 가격을 매기는 것이 기후변화 대응의 핵심이라고 했습니다. 탄소세는 기업에 배출량 기반 세금을 부과해 감축을 유도하는데, 실제로 스웨덴은 1991년 도입 후 2020년까지 29%를 감축했습니다. 기업은 비용 부담을 줄이기 위해 친환경에너지 기술을 도입할 동기를 얻습니다.

탄소세가 기업에 경각심을 주기는 하지만, 경제적인 부작용도 유발합니다. 특히 한국은 철강, 자동차 등 화석연료 의존 산업이 주력이라 부담이 막대합니다. '한국경제인협회'는 탄소세 도입 시 최대 36조 원 손실을 예측했고, 포스코는 톤당 75달러 기준 6조 원의 부담을 감당해야 할 수도 있습니다. 결국 관련 산업의 경제적 부담은 경제 전반에 악영향을 미칠 것입니다. 탄소세 도입의 필요성이 수십 년째 논의되고 있지만, 전 세계 27개국만

도입한 현실은 경제적 우려를 보여 줍니다.

경제적 부담이 있는 것은 사실이지요. 하지만 배출권거래제와 탄소국경조정제도로 그러한 우려는 완화할 수 있습니다. 특히 배출권거래제는 정부가 기업마다 탄소 배출량을 할당하고, 기업은 할당량 내에서 자유롭게 배출하고 또 배출권을 기업 간에 서로 사고팔 수도 있습니다. 배출권을 판매해 또 다른 이익을 창출할 수도 있으니, 기업은 탄소 감축에 대한 동기부여를 얻을 수 있습니다. 한국은 2015년부터 시행해 2~5%의 감축을 이루었습니다. 또한 EU의 탄소국경조정제도는 수입품에 탄소 비용을 부과해 무역에서도 탄소 배출 감축을 유도합니다. 이런 제도는 기업의 유연성과 감축 동기를 높입니다.

배출권거래제, 탄소국경조정제도 모두 기업의 탄소 감축을 유발하는 적극적 취지의 제도라는 데에 공감합니다. 기업은 일시적으로 탄소 비용을 줄이기 위해 배출량

을 감축하려고 노력할 것입니다. 하지만 순 배출량을 '제로'로 만들기에는 한계가 있고, 그렇다면 기업은 탄소 비용을 어느 정도 부담할 수밖에 없을 텐데, 그 부담은 결국 소비자에게 전가됩니다. 영국은 탄소가격하한제로 전기요금이 10% 오르며 가구당 50파운드의 추가 부담이 생겼고, 저소득층은 에너지 사용을 줄여 결국 불평등이 심화되었습니다. 이처럼 기업은 생존과 이윤을 위해 제품 가격을 올릴 것이고, 이는 전기, 난방, 교통비 상승으로 이어져 소비자 책임이 늘어납니다.

박부담 님 말씀도 일리가 있습니다. 탄소세의 부과는 어느 정도 경제적 부담을 불러일으킬 수 있습니다. 그러나 탄소세 수입을 재투자하면 이러한 문제를 해결할 수 있습니다. 예를 들어, 스위스는 2020년 기준 탄소세로 얻은 수입의 약 3분의 2를 국민과 기업에 재분배하고, 나머지 3분의 1은 산림 복원과 건물 에너지 효율화에 투자했습니다. 또한 캐나다는 탄소세로 발생한 수입으로 가

구당 연간 최대 약 500달러씩 환급해 주었습니다. 결과
적으로 브리티시컬럼비아주 등 일부 지역에서는 온실가
스 배출량이 5~15% 감소한 것으로 평가됩니다. 탄소세
수입의 재분배 정책은 기후변화 대응뿐만 아니라 경제
적 불평등 완화에도 효과적입니다. 이러한 사례들은 탄
소세가 단순히 경제적 부담으로 작용하는 것이 아니라,
기후 위기 해결과 사회적 형평성을 동시에 지원할 수 있
음을 보여 줍니다.

탄소세로 가장 부담을 느끼는 주체가 과연 누구일까요?
바로 개발도상국 혹은 저소득층입니다. 특히 탄소 가격
이 국경을 넘을 때 부과되는 탄소국경조정제도는 개발
도상국에 더 큰 경제적 부담을 지웁니다. 미국과 EU 등
선진국은 저탄소 생산을 위한 친환경 설비나 기술을 개
발할 수 있지만, 개발도상국은 그럴 만한 여건이 되지 않
는데 비용만 늘어 불평등이 심화됩니다. 따라서 탄소세
는 정의로운 전환의 관점에서 부의 불평등을 완화할 방

법으로 도입되어야 할 것입니다.

네, 긴 시간 함께해 주신 두 분께 감사드립니다. 마무리 발언 부탁드립니다.

탄소세는 그동안 많은 탄소를 배출해 온 기업에 재정적 부담을 가해 탄소 배출 감축을 유도할 수 있는 좋은 제도입니다. 탄소세와 함께 여러 제도와 정책이 함께 마련되고 있으니 탄소 배출은 조만간 감축되리라 생각합니다. 또한 탄소세 수익을 기후 환경 분야에 재투자하면 기후 위기와 불평등을 해결하는 데 도움이 될 것입니다.

탄소세의 도입 목적은 바람직하나, 결국 그 비용이 관련 산업 그리고 더 나아가 소비자에게 전가됨으로써 경제적 부담이 더 커질 것이라고 생각합니다. 더구나 탄소국경조정제도는 선진국 내의 기업을 보호하는 역할을 하고 선진국의 추가 세원이 될 가능성이 높기 때문에 오히

려 세계 경제의 불평등을 심화할 것입니다. 결과적으로 탄소세는 기후 위기를 해결하는 데 한계가 있는 제도입니다.

1. 책의 내용을 보며 다음 빈칸을 채워 보자.

- 사과 한 개는 약 75g, 햄버거는 2.5kg의 (   )을 남기
  며, 이는 재료 생산과 운송 과정에서 발생한다. (   )
  은 우리 일상에서 사용하는 생활용품과 소비재의 원료 채
  취, 제조, 유통, 폐기, 전 과정에서 발생하는 이산화탄소 배
  출량을 환산한 값이다.

- 상품·서비스 생산 과정에서 발생하는 온실가스 배출에 부과
  하는 세금으로, 1990년 핀란드가 최초로 도입한 (   )
  는 재생에너지 도입과 효율적 기술 개발을 유도한다.

- (   )는 온실가스 감축 의무가 있는 사업장
  또는 국가 간 배출권을 거래할 수 있는 제도로, 한국은 2015
  년부터 시행해 2022년에 6억 톤을 거래했다.

- 환경 규제가 약한 국가의 제품에 부과하는 일종의 무역 관세
  로, EU가 2023년부터 철강, 시멘트 등 여섯 개 분야에 적용
  한 (   )는 공정한 경쟁 환경 조성을 목표로
  한다.

2. 토론 내용을 보고 찬성과 반대 입장의 주장과 그 근거를 간단히
   정리해 보자.

- 탄소세를 도입해야 할까?

- 친성

- 반대

3. 탄소세의 도입에 대한 나의 생각을 정리해 보자.

- 나는 탄소세의 도입에 대해
  라고 생각한다.
  왜냐하면

기후위기, 정말 인류가 만든 비극일까?

초판 1쇄 인쇄 2025년 7월 28일
초판 2쇄 발행 2025년 12월 10일

지은이 마아랑　**펴낸이** 김종길
펴낸 곳 글담출판사　**브랜드** 글담출판

기획편집 이경숙·김보라　**영업홍보** 김보미·김지수
디자인 손소정　**관리** 이현정

출판등록 1998년 12월 30일 제2013-000314호
주소 (04091) 서울시 마포구 토정로 222 한국출판콘텐츠센터 309호
전화 (02) 998-7030　**팩스** (02) 998-7924
블로그 blog.naver.com/geuldam4u　**이메일** to_geuldam@geuldam.com

ISBN 979-11-91309-91-1 (04000)
　　　　979-11-91309-65-2 (세트)

책값은 뒤표지에 있습니다.
잘못된 책은 바꾸어 드립니다.

만든 사람들 ————————————————
책임편집 이경숙　**디자인** 손소정　**교정교열** 신혜진